Das Franziskus-Prinzip

Die Vision des Papstes vom einfachen Leben

Stefan von Kempis
(Hrsg.)

Das Franziskus-Prinzip

Die Vision des Papstes vom einfachen Leben

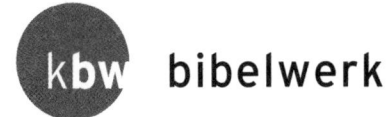 bibelwerk

Der Herausgeber:
Stefan von Kempis studierte Geschichte, Theologie
und Islamwissenschaften. Er leitet die deutsch-
sprachige Abteilung von Vatican News und hat
mehrere Bücher über die Päpste herausgegeben.

1. Auflage 2021
© 2021 Verlag Katholisches Bibelwerk GmbH, Stuttgart
Alle Rechte vorbehalten

Alle Texte des Papstes, soweit nicht anders gekennzeichnet:
© Libreria Editrice Vaticana

Gesamtgestaltung und Satz: Finken & Bumiller, Stuttgart
Titelabbildungen: © shutterstock.com, Sfio Cracho und vectorportal.com
Hersteller gemäß ProdSG:
Druck und Bindung: Finidr s.r.o., Lípová 1965, 737 01 Český Těšín, Czech Republic
Verlag: Verlag Katholisches Bibelwerk GmbH, Deckerstr. 39, 70372 Stuttgart

ISBN 978-3-460-32180-9
www.bibelwerkverlag.de

Inhalt

Für mehr **Minimalismus**; verantwortungsvoll konsumieren und ethisch wirtschaften ... 37

Für mehr **Freundlichkeit**: die Welt mit einer positiven Lebenshaltung verbessern ... 55

Für mehr **Fürsorge**: eine Ethik der Nächstenliebe leben ... 71

Für mehr **Zuversicht**: die Welt mit Hoffnung und Idealismus gestalten ... 93

Liebe junge Menschen, verzichtet nicht auf das Beste an eurer Jugend, beobachtet das Leben nicht von einem Balkon aus. Verwechselt das Glück nicht mit einem Sofa und verbringt nicht euer ganzes Leben vor einem Bildschirm. (...) Lasst lieber eure Träume aufblühen und trefft Entscheidungen. Setzt etwas aufs Spiel, auch wenn ihr Fehler machen werdet. Seid nicht bloße Überlebende mit einer narkotisierten Seele und schaut nicht die Welt an, als ob ihr Touristen wärt. Lasst von euch hören!

APOSTOLISCHES SCHREIBEN CHRISTUS VIVIT, 25.3.2019, NR. 143

Einleitung des Herausgebers

„Es gibt kein richtiges Leben im falschen": Wäre dieser Satz nicht von Theodor Adorno, dann hätte ihn vielleicht Papst Franziskus geprägt. Denn Jorge Mario Bergoglio, der seit März 2013 an der Spitze der katholischen Weltkirche steht, ist ein Prophet des richtigen, und das heißt für ihn vor allem: des einfachen Lebens. Wesentlich sein, schlicht und dabei beziehungsreich; sich einklinken in den Kreislauf des „Stirb und werde", sich als Teil fühlen eines größeren Ganzen. Er denkt, wenn er „Erlösung" sagt, nicht an die göttliche Rettung von lauter Einzelkämpfern, sondern an eine umfassende Heilung des Menschen und der Natur. Liegt denn nicht, wie Paulus schreibt, die ganze Schöpfung in Geburtswehen und stöhnt nach Erlösung, nach Vollendung ins Ganze hinein (vgl. Röm 8,22)?

Alles hängt für diesen Papst zusammen: die ökologische mit der sozialen mit der anthropologischen mit der Sinnfrage. Da nimmt er einen Faden seiner Amtsvorgänger auf, zuletzt Benedikts XVI., der 2011 in einer Rede im Deutschen Bundestag über eine „Ökologie des Menschen" nachgedacht hat. Franziskus will den großen Wurf, die Aussöhnung des Menschen mit sich selbst und seinesgleichen, mit der Umwelt und, ja, auch mit Gott. Ganz ist der Mensch nur, wenn er sich nicht in sich selbst einkapselt, sondern öffnet und sich hineinnehmen lässt ins Weitere.

Er kommt aus Buenos Aires, der Stadt, durch die sich einer der verschmutztesten Flüsse des Planeten quält. Er beschreibt sich selbst als Mann von der „Peripherie". Und er träumt den uralten Menschheitstraum von der Ganzheitlichkeit. Ehrlich leben. Nicht verschwenden und nicht heucheln. Im Einklang stehen mit der Umwelt. Im Tod könne man ja sowie nichts mitnehmen, sagt er, das Totenhemd habe keine Taschen. Das ist ein Spruch aus seiner argentinischen Heimat.

Die Bewahrung der Schöpfung hat er als erster Papst durch eine eigene Enzyklika (*Laudato si'* von 2015) zu einem Herzstück des christlichen Lehrgebäudes erklärt. Vorher war sie in der Asservatenkammer abgelegt. Schon dass er sich in seiner Namenswahl am heiligen Franz von Assisi orientierte, war eine Heimholung des Ökologischen. Es gehört nun mit zum Bereich Lebensschutz, für den sich die katholische Kirche schon seit langem einsetzt. Doch während man darunter bislang vor allem Kampf gegen Abtreibung oder gegen Euthanasie verstand (vgl. die Enzyklika *Evangelium vitae* von Johannes Paul II. aus dem Jahr 1995), meint Lebensschutz auf einmal auch Einsatz für die Erhaltung der Biodiversität oder ein Abfedern der Folgen des Klimawandels für arme Länder. Eine etwas in die Jahre gekommene kirchliche Kampagne, die anschlussfähig wird an die drängenden Forderungen von heute.

Papst Franziskus hat dadurch ein Potential für die Jetztzeit wirksam gemacht, das, wenn man genauer hinschaut, immer schon im Christentum angelegt war. Man denke nur an die Benediktinerklöster. An ihre Urbarmachung brachliegenden Landes, an das Roden und Pflanzen. An den Kräutergarten der hl. Hildegard von Bingen.

Man kann aber noch weiter zurückgehen, bis an den Anfang. Denn eigentlich gehört das Hinhören auf die Schöpfung und, damit verbunden, das Aufbegehren gegen unliebsame Nebenwirkungen von Globalisierung schon zu den Grundimpulsen des Christlichen, wie der (sehr umstrittene und sehr interessante) Bibelforscher John Dominic Crossan zeigt. Das Galiläa, in dem Jesus seine Bewegung gründete, war in sozialer Gärung, weil die Römer am See Gene-zareth Fischfabriken errichten und den Fischexport in großem Stil aufziehen wollten. (In Magdala, gleich am Ufer, hat man wohl Reste solcher Fischfabriken gefunden.) Dage-gen setzte Jesus einen nichtausbeuterischen, solidarischen Lebensstil. Ob es wirklich Zufall ist, dass das Gros seiner ersten Anhänger aus Fischern bestand? Aus Menschen, denen damals die Lebensgrundlagen wegbrachen? Jeden-falls war die Zeit, in der Jesus lebte und lehrte, in einigen Punkten gar nicht so verschieden von unserem Heute.

Schilderungen der Wunder Jesu gehören zu den ältesten Schichten in den Evangelien des Neuen Testaments: Taten, die eben nicht (nur) die Linderung von Krankheiten und Gebrechen bedeuteten, sondern ein fundamentales Anneh-men der Geächteten, ein Wegnehmen ihres sozialen Ausge-stoßenseins, eine Befreiung von ihrer Stigmatisierung als „Unreine". Umfassende Heilung von Leib, Seele und Geist. Das Christentum als, von Anfang an, „therapeutische" Reli-gion (Eugen Biser).

Mancher könnte den Eindruck haben, dass sich der Katholizismus heute einfach mit auf den rollenden grünen Zug aufschwingen will. Doch darf man die Kräfte, die eine Weltreligion ins ökologisch-soziale Engagement einbringen kann, nicht geringschätzen. Religiöser Glaube bietet einen Motivationsschub im Kampf für die Umwelt und das rich-tige Leben, den die Beschwörung der Vernunft oder das Ver-trauen zur Wissenschaft nicht zwingend zu entfesseln ver-mögen.

Denn an die Wissenschaft lässt sich, streng genommen, gar nicht glauben. Schließlich ist sie ja einst angetreten, um das „Glauben-Müssen" durch das „Wissen-Können" (Peter

Strohschneider) abzulösen. Eindeutigkeit, auf die sich bauen ließe, kann und will sie dabei nicht bieten, das hat uns zuletzt die Vielstimmigkeit der Virologen und Experten in der Corona-Krise gelehrt. Fragen stellt sie, das ist ihr Metier, immer neue Fragen; letztgültige Antworten will sie nicht liefern. Der Glaube bedeutet, damit verglichen, vor allem Vertrauen: Er geht einen Schritt weiter, verlässt sich auf Antworten. Auch wenn er das Fragen deswegen natürlich nicht aufgibt, nicht aufgeben sollte.

Außerdem ist ja das Glauben nicht nur etwas Religiöses. Glaube ist im Tiefsten, wie wir auf die Welt sehen: eine Haltung. Wer an etwas glaubt, der lässt sich dann auch leichter dazu bringen, dafür zu kämpfen. Darum hat es Gewicht, wenn ein Papst über Ökologie spricht und über richtiges Leben. Er kann mobilisieren, kann sensibilisieren: nicht nur Pfarrgemeinderatsmitglieder im Ruhrgebiet, sondern auch Kokabauern in Bolivien, oder Slumbewohnerinnen in Zentralafrika.

Wobei Franziskus es gerne konkret hat – das werden Sie in diesem Buch schnell feststellen. Er fürchtet sich nicht vor Slogans, ist mehr Aktivist als Akademiker, drängt (darin ist er ganz Jesuit) immer wieder zur Gewissenserforschung. Bin ich auf der richtigen Route, tue ich genug, oder mache ich mir und anderen nur etwas vor? Er misstraut den Fundamentalen, die sich ein für allemal auf der richtigen Fährte wähnen, rät stattdessen zur ständigen Kurskorrektur.

Dieses Buch ist kein Handbuch. Eher ein Pamphlet. Es trägt zusammen, was in den Augen des Papstes zum richtigen, zum einfachen Leben gehört: Nachhaltigkeit. Minimalismus. Freundlichkeit. Fürsorge. Zuversicht. Spiritualität. Auf den letzten Punkt lässt sich in unserer Zusammenschau nicht verzichten – es ist immerhin ein Religionsführer, der hier spricht. Doch auch Nicht- oder Anders- oder Irgendwie-Glaubende können seine Worte mit innerem Gewinn lesen, da bin ich mir sicher. „Grün" ist zwar keine Religion, aber die Berührungspunkte sind nicht nur eingebildet. Zum richtigen Leben gehört auch die Offenheit nach oben.

STEFAN VON KEMPIS

Vorab:
Wir brauchen
einen <u>neuen</u>
Lebensstil

Wie schmeckt
die Realität?

Wie hört sich
das Seufzen der
Wirklichkeit an?

Was ist noch
schlimmer als
eine Pandemie?

Wir sind aufeinander angewiesen

Eine globale Tragödie wie die Covid-19-Pandemie hat für eine gewisse Zeit wirklich das Bewusstsein geweckt, eine weltweite Gemeinschaft in einem Boot zu sein, wo das Übel eines Insassen allen zum Schaden gereicht. Wir haben uns daran erinnert, dass keiner sich allein retten kann, dass man nur Hilfe erfährt, wo andere zugegen sind. (...) Der Sturm legt unsere Verwundbarkeit bloß und deckt jene falschen und unnötigen Gewissheiten auf, auf die wir bei unseren Plänen, Projekten, Gewohnheiten und Prioritäten gebaut haben. (...) Mit dem Sturm sind auch die stereotypen Masken gefallen, mit denen wir unser „Ego" in ständiger Sorge um unser eigenes Image verkleidet haben; und es wurde wieder einmal jene segensreiche gemeinsame Zugehörigkeit offenbar, der wir uns nicht entziehen können, dass wir nämlich alle Brüder und Schwestern sind.

> *„Wir haben uns mit Connections vollgestopft und darüber den Geschmack an der Geschwisterlichkeit verloren"*

Die Welt bewegte sich unerbittlich auf eine Wirtschaft zu, welche mit Hilfe des technologischen Fortschritts die „menschlichen Kosten" zu verringern suchte, und mancher maßte sich an, uns glauben zu machen, die Freiheit des Marktes würde ausreichen, um alles zu gewährleisten. Doch der harte und unerwartete Schlag dieser außer Kontrolle geratenen Pandemie hat uns notgedrungen dazu gezwungen, wieder an die Menschen, an alle zu denken anstatt an den Nutzen einiger. Heute sehen wir ein, dass wir uns mit Träumen von Pracht und Größe ernährt und letztlich doch nur Ablenkung, Verschlossenheit und Einsamkeit gegessen haben; wir haben uns mit *Connections* vollgestopft und darüber den Geschmack an der Geschwisterlichkeit verloren. Wir haben schnelle und sichere Ergebnisse gesucht und fühlen uns beklommen vor Ungeduld und Unruhe. Als Gefangene der Virtualität ist uns der Geschmack und das Aroma der Realität abhandengekommen. Der Schmerz, die Unsicherheit, die Furcht und das Bewusstsein der eigenen Grenzen, welche die Pandemie hervorgerufen haben, appellieren an uns, unsere Lebensstile, unsere Beziehungen, die Organisation unserer Gesellschaft und vor allem den Sinn unserer Existenz zu überdenken.

ENZYKLIKA FRATELLI TUTTI, 3.10.2020, NR. 32–33

Keiner rettet sich allein

Wenn alles miteinander verbunden ist, fällt es uns schwer zu glauben, dass diese weltweite Katastrophe nicht in Beziehung dazu steht, wie wir der Wirklichkeit gegenübertreten, wenn wir uns anmaßen, die absoluten Herren des eigenen Lebens und von allem, was existiert, zu sein. Ich möchte hiermit nicht sagen, dass es sich um eine Art göttlicher Strafe handelt. Ebenso wenig kann man behaupten, dass der Schaden an der Natur am Ende die Rechnung für unsere Übergriffe fordert. Es ist die Wirklichkeit selbst, die seufzt und sich auflehnt. Es kommen uns da die berühmten Verse von Vergil in Erinnerung, wo die Tränen der Dinge oder der Geschichte heraufbeschworen werden.

„Gott gebe es, dass es am Ende nicht mehr ‚die Anderen‘, sondern nur ein ‚Wir‘ gibt"

Wir vergessen aber schnell die Lektionen der Geschichte, der „Lehrerin des Lebens". Ist die Gesundheitskrise einmal überstanden, wäre es die schlimmste Reaktion, noch mehr in einen fieberhaften Konsumismus und in neue Formen der egoistischen Selbsterhaltung zu verfallen. Gott gebe es, dass es am Ende nicht mehr „die Anderen", sondern nur ein „Wir" gibt. Dass es nicht das x-te schwerwiegende Ereignis der Geschichte gewesen ist, aus dem wir nicht zu lernen vermocht haben. Dass wir nicht die älteren Menschen vergessen, die gestorben sind, weil es keine Beatmungsgeräte gab, teilweise als Folge der von Jahr zu Jahr abgebauten Gesundheitssysteme. Dass ein so großer Schmerz nicht umsonst war, dass wir einen Sprung hin zu einer neuen Lebensweise machen und wir ein für alle Mal entdecken, dass wir einander brauchen und in gegenseitiger Schuld stehen. So wird die Menschheit mit all ihren Gesichtern, all ihren Händen und all ihren Stimmen wiedererstehen, über die von uns geschaffenen Grenzen hinaus.

Wenn es uns nicht gelingt, diese gemeinsame Leidenschaft für eine zusammenstehende und solidarische Gemeinschaft wiederzuerlangen, der man Zeit, Einsatz und Güter widmet, wird die weltweite Illusion, die uns täuscht, verheerend zusammenbrechen und viele dem Überdruss und der Leere überlassen. Im Übrigen sollte man nicht naiv übersehen, dass die Versessenheit auf einen konsumorientierten Lebensstil – vor allem, wenn nur einige wenige ihn pflegen können – nur Gewalt und gegenseitige Zerstörung auslösen kann. Das „Rette sich, wer kann" wird schnell zu einem „Alle gegen alle", und das wird schlimmer als eine Pandemie sein.

ENZYKLIKA FRATELLI TUTTI, 3.10.2020, NR. 34–36

Rechte ohne Grenzen für alle Menschen

Wenn jemand Wasser im Überfluss besitzt und trotzdem sorgsam damit umgeht, weil er an die anderen denkt, tut er das, weil er ein moralisches Niveau erreicht hat, das es ihm erlaubt, über sich und die Seinen hinauszublicken. Das ist wunderbar human! Ebendiese Haltung braucht es auch, um die Rechte eines jeden Menschen anzuerkennen, auch wenn er auf der anderen Seite der jeweiligen Grenzen geboren wurde.

Die Erde ist für alle da, denn wir Menschen kommen alle mit der gleichen Würde auf die Welt. Unterschiede in Hautfarbe, Religion, Fähigkeiten, Herkunft, Wohnort und vielen anderen Bereichen können nicht als Rechtfertigung für die Privilegien einiger zum Nachteil der Rechte aller geltend gemacht oder genutzt werden. Folglich sind wir als Gemeinschaft verpflichtet, dafür zu sorgen, dass jeder Mensch in Würde leben kann und angemessene Möglichkeiten für seine ganzheitliche Entwicklung hat.

„Wir geben den Armen zurück, was ihnen gehört"

In den ersten Jahrhunderten des Christentums haben einige verständige Menschen in ihrem Nachdenken über die gemeinsame Bestimmung der geschaffenen Güter ein universales Bewusstsein entwickelt. Man gelangte zu folgender Auffassung: Wenn jemand nicht das Notwendige zu einem Leben in Würde hat, liegt das daran, dass ein anderer sich dessen bemächtigt hat. Der heilige Johannes Chrysostomus fasst dies mit den Worten zusammen: „Den Armen nicht einen Teil seiner Güter zu geben bedeutet, von den Armen zu stehlen, es bedeutet, sie ihres Lebens zu berauben; und was wir besitzen, gehört nicht uns, sondern ihnen". Ähnlich drückt sich der heilige Gregor der Große aus: „Wenn wir den Armen etwas geben, geben wir nicht etwas von uns, sondern wir geben ihnen zurück, was ihnen gehört".

Niemand darf aufgrund seiner Herkunft ausgeschlossen werden und schon gar nicht aufgrund der Privilegien anderer, die unter günstigeren Umständen aufgewachsen sind. Auch die Grenzen und Grenzverläufe von Staaten können das nicht verhindern. So wie es inakzeptabel ist, dass eine Person weniger Rechte hat, weil sie eine Frau ist, so ist es auch nicht hinnehmbar, dass der Geburts- oder Wohnort schon von sich aus mindere Voraussetzungen für ein würdiges Leben und eine menschenwürdige Entwicklung liefert.

ENZYKLIKA FRATELLI TUTTI, 3.10.2020,
NR. 117–119, 121

Impuls: Wir müssen wählen

Aus einer Krise geht man nicht genauso hervor, wie man früher war. Die Pandemie ist eine Krise. Aus einer Krise geht man entweder besser oder schlechter hervor. Wir müssen wählen. Und die Solidarität ist ein Weg, um besser aus der Krise herauszukommen – nicht mit oberflächlichen Veränderungen, mit einem Anstrich, und alles ist in Ordnung. Nein. Besser! (...)

Und dabei hilft die Solidarität. Ich stelle eine Frage: Denke ich darüber nach, was die anderen brauchen? Jeder möge in seinem Herzen antworten.

GENERALAUDIENZ, 2.9.2020

Für mehr <u>Nachhaltigkeit</u>: den Schrei der Erde hören

Wozu mühen
wir uns ab?

Wozu braucht
uns die Erde?

Wo dürfen die wilden
Kräuter wachsen?

Die Umweltkrise betrifft uns alle

„Laudato si', mi' Signore – Gelobt seist du, mein Herr", sang der heilige Franziskus von Assisi. In diesem schönen Lobgesang erinnerte er uns daran, dass unser gemeinsames Haus wie eine Schwester ist, mit der wir das Leben teilen, und wie eine schöne Mutter, die uns in ihre Arme schließt: „Gelobt seist du, mein Herr, durch unsere Schwester, Mutter Erde, die uns erhält und lenkt und vielfältige Früchte hervorbringt und bunte Blumen und Kräuter."

„Wir vergessen, dass wir selber Erde sind"

Diese Schwester schreit auf wegen des Schadens, den wir ihr aufgrund des unverantwortlichen Gebrauchs und des Missbrauchs der Güter zufügen, die Gott in sie hineingelegt hat. Wir sind in dem Gedanken aufgewachsen, dass wir ihre Eigentümer und Herrscher seien, berechtigt, sie auszuplündern. Die Gewalt des von der Sünde verletzten menschlichen Herzens wird auch in den Krankheitssymptomen deutlich, die wir im Boden, im Wasser, in der Luft und in den Lebewesen bemerken. (...) Wir vergessen, dass wir selber Erde sind (vgl. *Gen* 2,7). Unser eigener Körper ist aus den Elementen des Planeten gebildet; seine Luft ist es, die uns den Atem gibt, und sein Wasser belebt und erquickt uns.

ENZYKLIKA LAUDATO SI', 24.5.2015, NR. 1–2

Die Schöpfung und alle Geschöpfe behüten

Die Berufung zum Hüten geht nicht nur uns Christen an; sie hat eine Dimension, die vorausgeht und die einfach menschlich ist, die alle betrifft. Sie besteht darin, die gesamte Schöpfung, die Schönheit der Schöpfung zu bewahren, wie uns im Buch Genesis gesagt wird und wie es uns der heilige Franziskus von Assisi gezeigt hat: Sie besteht darin, Achtung zu haben vor jedem Geschöpf Gottes und vor der Umwelt, in der wir leben. Die Menschen zu hüten, sich um alle zu kümmern, um jeden Einzelnen, mit Liebe, besonders um die Kinder, die alten Menschen, um die, welche schwächer sind und oft in unserem Herzen an den Rand gedrängt werden. Sie besteht darin, in der Familie aufeinander zu achten: Die Eheleute behüten sich gegenseitig, als Eltern kümmern sie sich dann um die Kinder, und mit der Zeit werden auch die Kinder zu Hütern ihrer Eltern. Sie besteht darin, die Freundschaften in Aufrichtigkeit zu leben; sie sind ein Einander-Behüten in Vertrautheit, gegenseitiger Achtung und im Guten. Im Grunde ist alles der Obhut des Menschen anvertraut, und das ist eine Verantwortung, die alle betrifft. Seid Hüter der Gaben Gottes!

„Wir dürfen keine Angst haben vor der Güte"

Und wenn der Mensch dieser Verantwortung nicht nachkommt, wenn wir uns nicht um die Schöpfung und um die Mitmenschen kümmern, dann gewinnt die Zerstörung

Raum, und das Herz verdorrt. In jeder Epoche der Geschichte gibt es leider solche „Herodes", die Pläne des Todes schmieden, das Gesicht des Menschen zerstören und entstellen.

Alle Verantwortungsträger auf wirtschaftlichem, politischem und sozialem Gebiet, alle Männer und Frauen guten Willens möchte ich herzlich bitten: Lasst uns „Hüter" der Schöpfung, des in die Natur hineingelegten Planes Gottes sein, Hüter des anderen, der Umwelt; lassen wir nicht zu, dass Zeichen der Zerstörung und des Todes den Weg dieser unserer Welt begleiten! Doch um zu „behüten", müssen wir auch auf uns selber Acht geben! Erinnern wir uns daran, dass Hass, Neid und Hochmut das Leben verunreinigen! Hüten bedeutet also, über unsere Gefühle, über unser Herz zu wachen, denn von dort gehen unsere guten und bösen Absichten aus: die, welche aufbauen, und die, welche zerstören! Wir dürfen keine Angst haben vor der Güte, ja, nicht einmal vor der Zärtlichkeit!

PREDIGT BEIM AMTSANTRITT ALS PAPST, 19.3.2013

Der Einsatz für die Umwelt und der Sinn des Lebens

Welche Art von Welt wollen wir denen überlassen, die nach uns kommen, den Kindern, die gerade aufwachsen? Diese Frage betrifft nicht nur die Umwelt in isolierter Weise, denn es ist unmöglich, das Problem fragmentarisch anzugehen. Wenn wir uns bezüglich der Welt, die wir hinterlassen wollen, Fragen stellen, meinen wir vor allem ihre allgemeine

Ausrichtung, ihren Sinn, ihre Werte. Wenn diese grundlegende Frage nicht lebendig mitschwingt, glaube ich nicht, dass unsere ökologischen Bemühungen bedeutende Wirkungen erzielen können. Wird sie aber mutig gestellt, führt sie uns unweigerlich zu weiteren, sehr direkten Fragestellungen: Wozu gehen wir durch diese Welt, wozu sind wir in dieses Leben gekommen, wozu arbeiten wir und mühen uns ab, wozu braucht uns diese Erde?

„Das ist ein Drama für uns selbst"

Darum reicht es nicht mehr zu sagen, dass wir uns um die zukünftigen Generationen sorgen müssen. Wir müssen uns bewusst werden, dass unsere eigene Würde auf dem Spiel steht. Wir sind die Ersten, die daran interessiert sind, der Menschheit, die nach uns kommen wird, einen bewohnbaren Planeten zu hinterlassen. Das ist ein Drama für uns selbst, denn dies beleuchtet kritisch den Sinn unseres eigenen Lebensweges auf dieser Erde.

ENZYKLIKA LAUDATO SI', 24.5.2015, NR. 160

Auf die Weisheit indigener Völker hören

Ich bin nach Puerto Maldonado im peruanischen Amazonasgebiet gegangen. Ich habe mit den Menschen aus vielen verschiedenen indigenen Kulturen gesprochen. Dann habe ich mit 14 Stammesoberhäuptern von ihnen zu Mittag gegessen, alle mit Federn, traditionell gekleidet. Sie redeten in einer Sprache der Weisheit und sehr hoher Intelligenz! Nicht nur Intelligenz, sondern Weisheit. Und dann habe ich gefragt: „Und Sie, was machen Sie?" – „Ich bin Professor an der Universität." Ein Indigener, der dort Federn trug, aber in Zivil zur Universität ging. „Und Sie?" – „Ich bin im Bildungsministerium die Verantwortliche für diese ganze Region." Und so, einer nach dem anderen. Und dann ein Mädchen: „Ich bin Studentin in Politikwissenschaften." Und da habe ich gesehen, dass es erforderlich war, das Bild der Indigenen, die wir nur mit Pfeilen sehen, zu revidieren. Ich habe Seite an Seite mit ihnen die Weisheit der indigenen Völker entdeckt, auch die Weisheit des „guten Lebens", wie sie es nennen.

„Gut leben" bedeutet nicht „dolce vita", nein, kein süßes Nichtstun, nein! Gut leben heißt, in Harmonie mit der Schöpfung zu leben. Und diese Weisheit des guten Lebens haben wir verloren. Die ursprünglichen Völker bringen uns diese offene Tür.

ANSPRACHE, 3.9.2020

Die indigenen Völker könnten uns helfen zu erkennen, was eine glückliche Genügsamkeit ist, und in diesem Sinne haben sie uns vieles zu lehren. Sie verstehen es, mit wenig glücklich zu sein, sie erfreuen sich an Gottes kleinen Gaben, ohne viele Dinge anzuhäufen, sie zerstören nicht ohne Not, sie bewahren die Ökosysteme und sie erkennen, dass die Erde, die sich als großzügige Quelle zu ihrem Lebensunterhalt verschenkt, auch etwas Mütterliches hat, das respektvolle Zärtlichkeit weckt. (...) Während wir für sie und mit ihnen kämpfen, sind wir gerufen, ihre Freunde zu sein, sie anzuhören, sie zu verstehen und die geheimnisvolle Weisheit anzunehmen, die Gott uns durch sie mitteilen will.

APOSTOLISCHES SCHREIBEN QUERIDA AMAZONIA, 2.2.2020, NR. 71–72

Vorbild: Franz von Assisi

Ich glaube, dass Franziskus das Beispiel schlechthin für die Achtsamkeit gegenüber dem Schwachen und für eine froh und authentisch gelebte ganzheitliche Ökologie ist. Er ist der heilige Patron all derer, die im Bereich der Ökologie forschen und arbeiten, und wird auch von vielen Nichtchristen geliebt. Er zeigte eine besondere Aufmerksamkeit gegenüber der Schöpfung Gottes und gegenüber den Ärmsten und den Einsamsten. Er liebte die Fröhlichkeit und war wegen seines Frohsinns, seiner großzügigen Hingabe und seines weiten Herzens beliebt. Er war ein Mystiker und ein Pilger, der in Einfachheit und in einer wunderbaren Harmonie mit Gott, mit den anderen, mit der Natur und mit sich selbst lebte. An ihm wird man gewahr, bis zu welchem Punkt die Sorge um die Natur, die Gerechtigkeit gegenüber den Armen, das Engagement für die Gesellschaft und der innere Friede untrennbar miteinander verbunden sind.

„Wie es uns geht, wenn wir uns in einen Menschen verlieben ..."

(...) Wie es uns geht, wenn wir uns in einen Menschen verlieben, so war jedes Mal, wenn er die Sonne, den Mond oder die kleinsten Tiere bewunderte, seine Reaktion die, zu singen und die anderen Geschöpfe in sein Lob einzubeziehen. Er trat mit der gesamten Schöpfung in Verbindung und predigte sogar den Blumen „und lud sie zum Lob des Herrn ein, wie wenn sie vernunftbegabte Wesen wären". Seine Reaktion war weit mehr als eine intellektuelle Bewertung oder ein wirtschaftliches Kalkül, denn für ihn war jedes Geschöpf eine Schwester oder ein Bruder, ihm verbunden durch die Bande zärtlicher Liebe. Deshalb fühlte er sich berufen, alles zu hüten, was existiert. Sein Jünger, der heilige Bonaventura, erzählte: „Eingedenk dessen, dass alle Geschöpfe ihren letzten Ursprung in Gott haben, war er von noch überschwänglicherer Zuneigung zu ihnen erfüllt. Auch die kleinsten Geschöpfe nannte er deshalb Bruder und Schwester."

„Wir brauchen Offenheit für das Staunen und das Wunder"

Diese Überzeugung darf nicht als irrationaler Romantizismus herabgewürdigt werden, denn sie hat Konsequenzen für die Optionen, die unser Verhalten bestimmen. Wenn wir uns der Natur und der Umwelt ohne diese Offenheit für das Staunen und das Wunder nähern, wenn wir in unserer Beziehung zur Welt nicht mehr die Sprache der Brüderlichkeit und der Schönheit sprechen, wird unser Verhalten das des Herrschers, des Konsumenten oder des bloßen Ausbeuters der Ressourcen sein, der unfähig ist, seinen unmittelbaren Interessen eine Grenze zu setzen. Wenn wir uns hingegen allem, was existiert, innerlich verbunden fühlen, werden Genügsamkeit und Fürsorge von selbst aufkommen. Die Armut und die Einfachheit des heiligen Franziskus waren keine bloß äußerliche Askese, sondern etwas viel Radikaleres: ein Verzicht darauf, die Wirklichkeit in einen bloßen Gebrauchsgegenstand und ein Objekt der Herrschaft zu verwandeln.

„Die Natur als ein prächtiges Buch"

Andererseits legt der heilige Franziskus uns in Treue zur Heiligen Schrift nahe, die Natur als ein prächtiges Buch zu erkennen, in dem Gott zu uns spricht und einen Abglanz seiner Schönheit und Güte aufscheinen lässt: „Von der Größe und Schönheit der Geschöpfe lässt sich auf ihren Schöpfer schließen" (*Weish* 13,5), und „seine unsichtbare Wirklichkeit [wird] an den Werken der Schöpfung mit der Vernunft wahrgenommen, seine ewige Macht und Gottheit" (*Röm* 1,20). Deshalb forderte Franziskus, im Konvent immer einen Teil des Gartens unbebaut zu lassen, damit dort die wilden Kräuter wüchsen und die, welche sie bewunderten, ihren Blick zu Gott, dem Schöpfer solcher Schönheit erheben könnten. Die Welt ist mehr als ein zu lösendes Problem, sie ist ein freudiges Geheimnis, das wir mit frohem Lob betrachten.

ENZYKLIKA LAUDATO SI', 24.5.2015, NR. 10–12

Gebet für unsere Erde

Allmächtiger Gott,
der du in der Weite des Alls gegenwärtig bist
und im kleinsten deiner Geschöpfe,
der du alles, was existiert,
mit deiner Zärtlichkeit umschließt,
gieße uns die Kraft deiner Liebe ein,
damit wir das Leben und die Schönheit hüten.
Überflute uns mit Frieden,
damit wir als Brüder und Schwestern leben
und niemandem schaden.

ENZYKLIKA LAUDATO SI', 24.5.2015, NR. 246

Impuls: Wie können wir die Harmonie wiederherstellen?

Es gibt ein spanisches Sprichwort (...): „Gott vergibt immer; wir Menschen vergeben manchmal ja und manchmal nein; die Erde vergibt nie." Die Erde vergibt nicht: Wenn wir der Erde Schaden zugefügt haben, dann wird die Antwort sehr schlimm sein. Wie können wir wieder eine harmonische Beziehung zur Erde und zur übrigen Menschheit herstellen? Eine harmonische Beziehung ... Wie können wir auch im gemeinsamen Haus, auf der Erde, auch in unserer Beziehung zu den Menschen, zum Nächsten, zu den Ärmsten diese Harmonie wiederherstellen?

GENERALAUDIENZ, 22.4.2020

Für mehr <u>Minimalismus:</u> verantwortungsvoll konsumieren und ethisch wirtschaften

Warum sollte ich
einen Brotkrumen
küssen?

Wie viele Stunden
verbringe ich
vor dem Spiegel?

Wer ist mein Götze?

Entscheiden wir uns für die Menschen und nicht für die Dinge

Das Leben ist sehr kompliziert geworden. Ich möchte sagen, dass viele es in einer Art Trancezustand verbringen: Man rennt von morgens bis abends umher, zwischen tausend Anrufen und Nachrichten, unfähig, dem Blick des Nächsten Beachtung zu schenken, eingetaucht in eine Komplexität, die alles brüchig macht, und in eine Geschwindigkeit, die Spannung erzeugt. Eine Entscheidung für einen nüchternen Lebensstil ohne allen überflüssigem Ballast legt sich nahe. Eine Entscheidung, gegen den Strom zu schwimmen (...). Es geht um die Entscheidung, auf viele Dinge zu verzichten, die das Leben voll, aber das Herz leer machen. Brüder und Schwestern, entscheiden wir uns für *die Einfachheit*, für *die Einfachheit des Brotes*, um den Mut zur *Stille* und zum *Gebet* wiederzuentdecken, den Sauerteig eines wahrhaft menschlichen Lebens.

„Den Duft dessen lieben, was uns umgibt"

Entscheiden wir uns für die *Menschen* und nicht für die Dinge, damit persönliche Beziehungen gedeihen, nicht virtuelle. Fangen wir wieder an, den unverfälschten Duft dessen zu lieben, was uns umgibt. Wenn damals, als ich klein war, zu Hause etwas Brot vom Tisch fiel, wurde uns beigebracht, es sofort aufzuheben und es zu küssen. Das Einfache, das uns jeden Tag zu Teil wird, wertschätzen und bewahren: nicht benutzen und wegwerfen, sondern wertschätzen, um es zu bewahren.

PREDIGT IN GENF, 21.6.2018

Der Mensch hat sich noch nie so viel ausgeruht wie heute, und trotzdem hat der Mensch noch nie so viel Leere erfahren wie heute! All die Möglichkeiten, sich zu vergnügen, hinauszuziehen, Kreuzfahren, Reisen, viele Dinge erfüllen dein Herz nicht.

GENERALAUDIENZ, 5.9.2018

Gegen die Gier

Betlehem: Der Name bedeutet *Haus des Brotes*. In diesem „Haus" möchte der Herr heute der Menschheit begegnen. Er weiß, dass wir Nahrung zum Leben brauchen. Aber er weiß auch, dass die Nahrungsmittel der Welt das Herz nicht sättigen. In der Schrift ist die Ursünde der Menschheit gerade mit der Nahrungsaufnahme verbunden: „Sie nahm von seinen Früchten und aß", heißt es im Buch Genesis (3,6). Sie nahm und aß. Der Mensch ist gierig und unersättlich geworden. Das Haben, das Anhäufen von Dingen scheint für viele der Sinn des Lebens zu sein. Eine unersättliche Gier durchzieht die Menschheitsgeschichte, bis hin zu den Paradoxien von heute, dass einige wenige üppig schlemmen und so viele kein Brot zum Leben haben.

„Ein neues Lebensmodell:
nicht verschlingen und hamstern,
sondern teilen und geben"

Betlehem bezeichnet den Wendepunkt im Lauf der Geschichte. Dort wird Gott im *Haus des Brotes* in einer *Futterkrippe* geboren. So, als sagte er: hier bin ich, als eure Nahrung. Er nimmt nichts, sondern er bietet etwas zu essen an; er gibt nicht etwas, sondern sich selbst. In Betlehem entdecken wir, dass Gott nicht jemand ist, der das Leben nimmt, sondern derjenige, der das Leben gibt. Dem Menschen, der von Anfang an daran gewöhnt war, zu nehmen und zu essen, sagt Jesus von nun an: „Nehmt und esst; das ist mein Leib" (Mt 26,26). Der kleine Leib des Kindes von Betlehem eröffnet ein neues Lebensmodell: nicht verschlingen und hamstern, sondern teilen und geben. (…) Wenn wir auf die Krippe schauen, verstehen wir, dass das, was das Leben nährt, nicht der Besitz, sondern die Liebe ist; nicht Gier, sondern Nächstenliebe; nicht der Überfluss, den man zur Schau stellt, sondern die Einfachheit, die man bewahrt.

PREDIGT AM HEILIGABEND, 24.12.2018

Weniger ist mehr

Es ist wichtig, eine alte Lehre anzunehmen, die in verschiedenen religiösen Traditionen und auch in der Bibel vorhanden ist. Es handelt sich um die Überzeugung, dass „weniger mehr ist". Die ständige Anhäufung von Möglichkeiten zum Konsum lenkt das Herz ab und verhindert, jedes Ding und jeden Moment zu würdigen. Dagegen öffnet das gelassene Sich-Einfinden vor jeder Realität, und sei sie noch so klein, uns viel mehr Möglichkeiten des Verstehens und der persönlichen Verwirklichung. Die christliche Spiritualität regt zu einem Wachstum mit Mäßigkeit an und zu einer Fähigkeit, mit dem Wenigen froh zu sein. Es ist eine Rückkehr zu der Einfachheit, die uns erlaubt innezuhalten, um das Kleine zu würdigen, dankbar zu sein für die Möglichkeiten, die das Leben bietet, ohne uns an das zu hängen, was wir haben, noch uns über das zu grämen, was wir nicht haben. Das setzt voraus, die Dynamik der Herrschaft und der bloßen Anhäufung von Vergnügungen zu meiden.

„Genügsamkeit ist befreiend"

Die Genügsamkeit, die unbefangen und bewusst gelebt wird, ist befreiend. Sie bedeutet nicht weniger Leben, sie bedeutet nicht geringere Intensität, sondern ganz das Gegenteil. In Wirklichkeit kosten diejenigen jeden einzelnen Moment mehr aus und erleben ihn besser, die aufhören, auf der ständigen Suche nach dem, was sie nicht haben, hier und da und dort etwas aufzupicken: Sie sind es, die erfahren, was es bedeutet, jeden Menschen und jedes Ding zu würdigen, und die lernen, mit den einfachsten Dingen in Berührung zu kommen und sich daran zu freuen. So sind sie fähig, die unbefriedigten Bedürfnisse abzubauen, und reduzieren die Ermüdung und das versessene Streben. Man kann wenig benötigen und erfüllt leben, vor allem, wenn man fähig ist, das Gefallen an anderen Dingen zu entwickeln und in den geschwisterlichen Begegnungen, im Dienen, in der Entfaltung der eigenen Charismen, in Musik und Kunst, im Kontakt mit der Natur und im Gebet Erfüllung zu finden. Das Glück erfordert, dass wir verstehen, einige Bedürfnisse, die uns betäuben, einzuschränken, und so ansprechbar bleiben für die vielen Möglichkeiten, die das Leben bietet.

ENZYKLIKA LAUDATO SI', 24.5.2015, NR. 222–223

Ballast über Bord werfen

Der Mensch lebt nicht, ohne sich auf etwas auszurichten. Daher bietet die Welt den „Supermarkt" der Götzen an, die Gegenstände, Bilder, Ideen, Rollen sein können. (...)

Das Wort „Götze" kommt im Griechischen vom Verb „sehen". Ein Götze ist eine „Vision", die zu einer fixen Idee, einer Besessenheit wird. Der Götze ist in Wirklichkeit eine Projektion der eigenen Person auf Gegenstände oder Pläne. Dieser Dynamik bedient sich zum Beispiel die Werbung: Ich sehe nicht den Gegenstand an sich, sondern ich nehme jenes Auto, jenes Smartphone, jene Rolle – oder andere Dinge – als Mittel wahr, mich selbst zu verwirklichen und meine Grundbedürfnisse zu erfüllen. Und ich strebe danach, spreche darüber, denke daran. Die Vorstellung, jenen Gegenstand zu besitzen, jenen Plan zu verwirklichen oder jene Position zu erlangen, scheint ein wunderbarer Weg zum Glück zu sein: ein Turm, um zum Himmel zu gelangen (vgl. *Gen* 11,1–9), und alles wird diesem Ziel untergeordnet.

„Götzen fordern einen Kult"

Dann tritt man in die zweite Phase ein: „Du sollst dich nicht vor ihnen niederwerfen" (Ex 20,5). Götzen fordern einen Kult, Rituale; man wirft sich vor ihnen nieder und opfert ihnen alles. In der Antike wurden den Götzen Menschenopfer dargebracht, aber auch heute: Der Karriere werden die Kinder geopfert, indem man sie vernachlässigt oder einfach nicht in die Welt setzt. Die Schönheit fordert menschliche Opfer. Wie viele Stunden verbringen Menschen vor dem Spiegel! Wie viel geben gewisse Menschen, gewisse Frauen aus, um sich zu schminken? Auch das ist ein Götzendienst.

Es ist nicht schlecht, sich zu schminken; aber es muss auf normale Weise geschehen, nicht, um zu einer Göttin zu werden. Die Schönheit verlangt Menschenopfer. Die Berühmtheit verlangt die Aufopferung seiner selbst, der eigenen Unschuld und Authentizität. Das Geld raubt das Leben, und der Genuss führt zur Einsamkeit. Die wirtschaftlichen Strukturen opfern Menschenleben für größere Gewinne. Denken wir an all die Menschen ohne Arbeit. Warum? Weil es manchmal geschieht, dass die Betreiber jenes Unternehmens, jener Firma beschlossen haben, Menschen zu entlassen, um mehr Geld zu verdienen.

„Die Götzen versprechen Glück, aber schenken es nicht"

Der Götze „Geld". Man lebt in Heuchelei, tut und sagt das, was die anderen erwarten, weil der Gott des eigenen Erfolgs es auferlegt. Und man zerstört Leben, man zerstört Familien, und man überlässt junge Menschen den Fängen zerstörerischer Modelle, nur um den Profit zu mehren. Auch die Drogen sind ein Götze. Wie viele junge Menschen zerstören ihre Gesundheit oder sogar ihr Leben, indem sie den Götzen „Droge" anbeten. (...) Die Götzen versklaven. Sie versprechen Glück, aber schenken es nicht; und wieder lebt man für jene Sache oder jene Vision, gefangen in einem selbstzerstörerischen Abgrund, in Erwartung eines Ergebnisses, das nie eintritt. (...)

„Liebe und Götzendienst sind unvereinbar"

Ich lade euch heute ein, darüber nachzudenken: Wie viele Götzen habe ich oder was ist mein Lieblingsgötze? Denn den eigenen Götzendienst zu erkennen ist ein Beginn der Gnade und bringt uns auf den Weg der Liebe. Die Liebe ist mit dem Götzendienst nämlich unvereinbar: Wenn etwas absolut und unantastbar wird, dann ist es wichtiger als ein Ehepartner, als ein Kind oder als eine Freundschaft. Das Hängen an einem Gegenstand oder an einer Idee macht blind für die Liebe. Und so verleugnen wir, um den Götzen, einem Götzen hinterherzulaufen, sogar den Vater, die Mutter, die Kinder, die Ehefrau, den Ehemann, die Familie ..., die liebsten Dinge.

Das Hängen an einem Gegenstand oder einer Idee macht blind für die Liebe. Tragt das im Herzen: Die Götzen rauben uns die Liebe, die Götzen machen uns blind für die Liebe, und um wirklich zu lieben, muss man frei sein von jedem Götzen. Wer oder was ist mein Götze? Nimm ihn weg und wirf ihn aus dem Fenster!

GENERALAUDIENZ, 1.8.2018

Großherzigkeit

Die Größe des Lebens besteht nicht im Haben, sondern im Lieben.

PREDIGT, 6.1.2020

Was ich wirklich besitze, ist das, was ich zu schenken weiß. Wenn ich zu schenken weiß, bin ich offen, dann bin ich reich nicht nur in dem, was ich besitze, sondern auch in der Großherzigkeit, der Großherzigkeit auch als Pflicht, den Reichtum hinzuschenken, damit alle daran Anteil haben.

GENERALAUDIENZ, 7.11.2018

Lasse ich mich von der Situation eines Bedürftigen bewegen? Kann ich um den weinen, der leidet? Bete ich für die, an die niemand denkt? Helfe ich jemandem, der mir nichts zurückgeben kann?

PREDIGT, 4.11.2019

Für ein neues Wirtschaftssystem

Die Zunahme der Armut auf globaler Ebene bezeugt, dass die Ungleichheit über eine harmonische Integration von Menschen und Nationen überwiegt. Es bedarf dringend eines gerechten und verlässlichen Wirtschaftssystems, das in der Lage ist, auf die radikalsten Herausforderungen zu antworten, die die Menschheit und der Planet in Angriff nehmen müssen. Ich ermutige euch, auf dem Weg der großherzigen Solidarität auszuharren und euch für die Rückkehr der Wirtschaft und Finanz zu einem ethischen Ansatz zugunsten des Menschen einzusetzen.

„Viel mehr, als nur die Bilanzen auszugleichen"

Ein Blick auf die jüngste Geschichte, insbesondere auf die Finanzkrise von 2008, zeigt uns, dass ein gesundes Wirtschaftssystem nicht auf kurzfristigem Profit beruhen kann auf Kosten der Entwicklung und produktiver, nachhaltiger und sozial verantwortungsbewusster langfristiger Investitionen. Es ist wahr, dass die Unternehmertätigkeit eine edle Berufung darstellt und darauf ausgerichtet ist, Wohlstand zu erzeugen und die Welt für alle zu verbessern. Sie kann eine sehr fruchtbringende Art und Weise sein, die Region zu fördern, in der sie ihre Betriebe errichtet, vor allem wenn sie versteht, dass die Schaffung von Arbeitsplätzen ein unausweichlicher Teil ihres Dienstes am Gemeinwohl ist. Dennoch kann sich, wie der heilige Paul VI. in Erinnerung gerufen hat, die wahre Entwicklung nicht nur auf das wirtschaftliche Wachstum beschränken, sondern muss die Förderung eines jeden Menschen und des ganzen Menschen begünstigen. Das bedeutet viel mehr, als nur die Bilanzen auszugleichen, die Infrastrukturen zu verbessern oder eine größere Vielfalt an Konsumgütern anzubieten. Vielmehr bringt es eine Erneuerung, eine Läuterung mit sich und eine Stärkung guter Wirtschaftsmodelle, die auf unserer persönlichen Umkehr und Großherzigkeit gegenüber den

Notleidenden gründen. Ein Wirtschaftssystem ohne ethische Bemühungen führt nicht zu einer gerechteren Gesellschaftsordnung, sondern vielmehr zu einer Wegwerfkultur von Konsum und Abfall.

ANSPRACHE, 4.11.2019

Keine Nahrungsmittel verschwenden

Wenn von Umwelt, von der Schöpfung, die Rede ist, dann gehen meine Gedanken zu den ersten Seiten der Bibel, zum *Buch Genesis*, wo es heißt, dass Gott den Mann und die Frau auf die Erde stellt, damit sie sie bebauen und hüten (vgl. Gen 2,15). Und mir kommen die Fragen: Was bedeutet es, die Erde zu bebauen und zu hüten? Bebauen und hüten wir die Schöpfung wirklich? Oder vernachlässigen wir sie und beuten sie aus?

Beim Verb „bebauen" kommt mir die Sorgfalt in den Sinn, mit der der Landwirt seinen Acker bestellt, damit er Frucht trägt und diese Frucht geteilt werden kann: wie viel Fürsorge, Leidenschaft und Hingabe! Die Schöpfung bebauen und hüten: Diese Weisung gab Gott nicht nur am Anfang der Geschichte, sondern sie gilt einem jeden von uns. Sie gehört zu seinem Plan; es bedeutet, die Welt verantwortungsvoll wachsen zu lassen, sie in einen Garten zu verwandeln, in einen bewohnbaren Ort für alle. Benedikt XVI. hat uns oft daran erinnert, dass diese Aufgabe, die Gott, der Schöpfer, uns anvertraut hat, es verlangt, den Rhythmus und die Logik der Schöpfung zu verstehen. Wir dagegen sind oft vom Hochmut des Herrschens, des Besitzens, des

Manipulierens, des Ausbeutens geleitet; wir „hüten" sie nicht, wir achten sie nicht, wir betrachten sie nicht als unentgeltliches Geschenk, für das wir Sorge tragen müssen. Wir verlieren die Haltung des Staunens, der Betrachtung, des Hörens auf die Schöpfung; und so können wir darin nicht mehr das erkennen, was Benedikt XVI. „den Rhythmus der Liebesgeschichte Gottes mit dem Menschen" nennt. Warum passiert das? Weil wir horizontal denken und leben, uns von Gott entfernt haben, seine Zeichen nicht erkennen.

„Heute gebietet nicht der Mensch, sondern das Geld"

Das „Bebauen und Hüten" umfasst jedoch nicht nur die Beziehung zwischen uns und der Umwelt, zwischen dem Menschen und der Schöpfung, sondern es betrifft auch die zwischenmenschlichen Beziehungen. Die Päpste haben von der Ökologie des Menschen gesprochen, die eng mit der Ökologie der Umwelt verbunden ist. Wir durchleben gerade einem Augenblick der Krise; das sehen wir in der Umwelt, aber vor allem sehen wir es im Menschen. Der Mensch ist gefährdet: Das ist sicher, der Mensch ist heute gefährdet, daher die Dringlichkeit der Ökologie des Menschen! Und die Gefahr ist groß, denn die Ursache des Problems ist nicht oberflächlich, sondern sitzt tief: Es ist nicht nur eine Frage der Wirtschaft, sondern der Ethik und der Anthropologie. Die Kirche hat das oft hervorgehoben. Und viele sagen: Ja, das stimmt, das ist wahr, aber das System geht weiter wie zuvor, denn was herrscht, sind die Dynamiken einer Wirtschaft und einer Finanz, denen es an Ethik mangelt. Heute gebietet nicht der Mensch, sondern das Geld, das Geld regiert. Und Gott, unser Vater, hat nicht dem Geld die Aufgabe erteilt, die Erde zu hüten, sondern uns: den Männern und Frauen.

„Menschen werden weggeworfen wie Abfall"

Wir haben diese Aufgabe! Stattdessen werden Männer und Frauen den Götzen des Profits und des Konsums geopfert: Das ist die „Wegwerfkultur". Wenn ein Computer kaputtgeht, ist es eine Tragödie, aber die Armut, die Nöte, die Dramen vieler Menschen werden am Ende zur Normalität. Wenn zum Beispiel in einer Winternacht, hier ganz in der Nähe, in der Via Ottaviano, ein Mensch stirbt, dann macht es keine Schlagzeilen. Wenn es in vielen Teilen der Welt Kinder gibt, die nichts zu essen haben, dann macht das keine Schlagzeilen, sondern scheint normal zu sein. Das darf nicht so sein! Und doch gehören diese Dinge zur Normalität: dass einige obdachlose Menschen auf der Straße erfrieren, macht keine Schlagzeilen. Ein Verlust von zehn Punkten an den Börsen einiger Städte dagegen stellt eine Tragödie dar. Einer, der stirbt, macht keine Schlagzeilen, wenn aber die Börsen um zehn Punkte fallen, ist es eine Tragödie! So werden Menschen weggeworfen, als seien sie Abfall.

„Nahrung, die weggeworfen wird, ist gleichsam vom Tisch des Armen geraubt"

Diese „Wegwerfkultur" wird zur allgemeinen Denkweise, die alle ansteckt. Das menschliche Leben, der Mensch wird nicht mehr als oberster Wert empfunden, der geachtet und geschützt werden muss, besonders wenn er arm oder behindert ist, wenn er noch keinen Nutzen hat – wie das ungeborene Kind – oder wenn er keinen Nutzen mehr hat – wie der ältere Mensch. Diese Wegwerfkultur hat uns auch unempfindlich gemacht gegenüber der Verschwendung und dem Wegwerfen von Lebensmitteln, was noch verwerflicher ist, wenn leider überall auf der Welt viele Personen und Familien hungern und an Unterernährung leiden. Einst haben unsere Großeltern sehr darauf geachtet, keine übrig gebliebene Nahrung wegzuwerfen. Durch das Konsumdenken haben wir uns an den Überfluss und an die tägliche Verschwendung von Nahrung gewöhnt, der wir manchmal nicht mehr den richtigen Wert zuordnen können, der weit über wirtschaftliche Maßstäbe hinausgeht. Wir sollten jedoch stets daran denken, dass Nahrung, die weggeworfen wird, gleichsam vom Tisch des Armen, des Hungrigen geraubt wird! Ich lade alle ein, über das Problem des Verderbens und der Verschwendung von Nahrung nachzudenken, um Wege und Mittel zu finden, die, wenn man dieses Problem ernsthaft angeht, Ausdruck der Solidarität und des Teilens mit den Notleidenden sein sollen.

GENERALAUDIENZ, 5.6.2013

Teilen

Wir stehen vor dem weltweiten Skandal von einer Milliarde, einer Milliarde Menschen, die heute noch Hunger leiden. Wir können nicht wegsehen und so tun, als gäbe es dies nicht. Die in der Welt zur Verfügung stehende Nahrung würde ausreichen, um alle zu sättigen. (...) [Wir sollten aufhören] zu meinen, dass unser alltägliches Handeln keine Auswirkung auf das Leben derer hätte, die am eigenen Leib Hunger leiden – seien sie nun weit entfernt oder in unserer Nähe (...). Bitten wir, dass Gott uns die Gnade schenken möge, eine Welt zu erleben, in der niemand jemals den Hungertod erleiden muss.

VIDEOBOTSCHAFT, 9.12.2013

Nur wenn man fähig ist zu teilen, wird man wirklich bereichert; alles, was man teilt, vervielfältigt sich sofort! Der Maßstab für die Größe einer Gesellschaft liegt in der Art, wie sie die behandelt, die am meisten Not leiden, diejenigen, die nichts besitzen als ihre Armut!

IN RIO DE JANEIRO/BRASILIEN, 25.7.2013

Um der Gerechtigkeit willen

Wie oft herrscht selbst dann, wenn wir das Gute tun, *die Heuchelei des Ich*: Ich tue das Gute, aber nur um für gut gehalten zu werden; ich gebe, aber nur um meinerseits zu empfangen; ich helfe, aber nur um die Freundschaft jener wichtigen Person zu gewinnen. So spricht *die Sprache des Ich*. (...) Wir können uns also fragen: Helfe ich jemandem, von dem ich nichts erhalten werde? (...)

Die Armen sind in Gottes Augen kostbar, weil sie nicht die Sprache des Ich sprechen: Sie erhalten sich nicht von allein aus eigenen Kräften, sie brauchen jemanden, der sie an die Hand nimmt. (...) Nun, anstatt uns belästigt zu fühlen, wenn wir sie an unsere Türen klopfen hören, können wir ihren Hilfeschrei als einen Ruf annehmen, um aus unserem Ich herauszugehen ...

PREDIGT, 17.11.2019

Impuls: Lass dich nicht betäuben

Lass nicht zu, dass sie dir die Hoffnung und Freude rauben, lass dich von ihnen nicht betäuben, um dich zum Sklaven ihrer Interessen zu machen. Wage es, mehr zu sein, denn dein Sein zählt mehr als alles andere. Du brauchst nicht auf deinen Besitz oder dein Erscheinungsbild zu achten. Du kannst der sein, der du von Gott, deinem Schöpfer her bist, wenn du erkennst, dass du zu Großem berufen bist. (...)

Dazu muss man etwas ganz Grundsätzliches erkennen: Jung zu sein erschöpft sich nicht einfach in der Suche nach flüchtigen Freuden und oberflächlichen Erfolgen. Damit das Jugendalter den Sinn erfüllt, den es für deinen Lebenslauf hat, muss es eine Zeit großzügigen Gebens, aufrichtiger Hingabe und der Opfer sein. Das tut weh, aber es macht unser Leben fruchtbar.

APOSTOLISCHES SCHREIBEN CHRISTUS VIVIT, 25.3.2019, NR. 107–108

Für mehr Freundlichkeit: <u>die Welt mit einer positiven Lebenshaltung verbessern</u>

Spreche ich die drei
entscheidenden
Sprachen?

Welche Bücher
werfe ich weg?

Schöpfe ich immer
wieder aus dem-
selben Brunnen?

Kohärenz

Es muss drei Sprachen geben (...): die Sprache des Verstandes, die Sprache des Herzens und die Sprache der Hände, so dass das Denken im Einklang steht mit dem, was man fühlt und tut; das Fühlen im Einklang steht mit dem, was man denkt und tut; das Handeln im Einklang steht mit dem, was man fühlt und denkt.

ANSPRACHE, 4.11.2019

Freundlichkeit

Der Konsumindividualismus verursacht viel Missbrauch. Die anderen Menschen werden zu bloßen Hindernissen für die eigene angenehme Ruhe. So behandelt man sie schließlich, als würden sie eine Belästigung darstellen, und die Aggressivität nimmt zu. Dies verschärft sich und erreicht unerträgliche Ausmaße in Krisenzeiten, in Katastrophensituationen, in schwierigen Momenten, wenn der Geist des „Es rette sich, wer kann" offen zutage tritt. Trotzdem kann man sich immer noch für die Freundlichkeit entscheiden. Es gibt Menschen, die dies tun und wie Sterne in der Dunkelheit leuchten. (...) Es geht darum, Worte der Ermutigung zu sagen, die wieder Kraft geben, die aufbauen, die trösten und die anspornen, statt Worte, die demütigen, die traurig machen, die ärgern, die herabwürdigen.

„Hin und wieder erscheint wie ein Wunder ein freundlicher Mensch …"

Freundlichkeit befreit uns von der Grausamkeit, die manchmal die menschlichen Beziehungen durchdringt, von der Ängstlichkeit, die uns davon abhält, an andere zu denken, von der zerstreuten Bedürfnisbefriedigung, die ignoriert, dass auch andere ein Recht darauf haben, glücklich zu sein. Heute hat man oft weder Zeit noch übrige Kräfte, um innezuhalten und andere gut zu behandeln, um „Darf ich?", „Entschuldige!", „Danke!" zu sagen. Hin und wieder aber erscheint wie durch ein Wunder ein freundlicher Mensch, der seine Ängste und Bedürfnisse beiseitelässt, um aufmerksam zu sein, ein Lächeln zu schenken, ein Wort der Ermutigung zu sagen, einen Raum des Zuhörens inmitten von so viel Gleichgültigkeit zu ermöglichen. Dieses täglich gelebte Bemühen kann jenes gesunde Zusammenleben schaffen, das Missverständnisse überwindet und Konflikte verhindert. Freundlichkeit zu üben ist kein kleines Detail oder eine oberflächliche spießige Haltung. Da sie Wertschätzung und Respekt voraussetzt, verändert sie – wenn sie zur Kultur wird – in einer Gesellschaft tiefgreifend den Lebensstil, die sozialen Beziehungen und die Art und Weise, wie Ideen diskutiert und miteinander verglichen werden. Freundlichkeit erleichtert die Suche nach Konsens und öffnet Wege, wo die Verbitterung alle Brücken zerstören würde.

ENZYKLIKA FRATELLI TUTTI, 3.10.2020,
NR. 222–224

Fernseh-Fasten

Ja, seit Mitte der Neunzigerjahre [sehe ich nicht mehr fern]. Da habe ich eines Nachts gespürt, dass es mir nicht gut tat; es entfremdete mich, brachte mich ... und ich habe entschieden, es nicht mehr anzusehen. Wenn ich einen schönen Film sehen wollte, ging ich zum Fernsehzentrum der Erzdiözese und schaute ihn dort an. Aber nur jenen Film ... Das Fernsehen, hingegen entfremdete mich, brachte mich von mir selbst weg: es war mir nicht nützlich. Gewiss, ich komme aus der Steinzeit, bin alt!

„Wie man es in der Steinzeit machte ..."

Und jetzt – ich verstehe, dass die Zeiten sich geändert haben – leben wir im Zeitalter des Bildes. Das ist sehr bedeutsam. Und im Zeitalter des Bildes muss man das tun, was man im Zeitalter der Bücher tat: auswählen, was mir gut tut! (...) Wenn ich sehe, dass ein Programm mir nicht gut tut, meine Werte abbaut, mich vulgär werden lässt – auch in Schmutzigkeiten –, dann muss ich den Kanal wechseln. Wie man es in meiner Steinzeit machte: Wenn ein Buch gut war, hast du es gelesen; wenn ein Buch schadete, warfst du es weg. Und dann gibt es noch einen dritten Punkt: die schlechte Fantasie, jene Fantasie, die die Seele tötet. Wenn du, der du jung bist, dein Leben am Computer hängend verbringst und Sklave des Computers wirst, verlierst du deine Freiheit! Und wenn du im Computer die schmutzigen Programme suchst, verlierst du deine Würde!

Fernsehen anschauen, den Computer benutzen – aber für die schönen, die vortrefflichen Dinge, für die Dinge, die uns wachsen lassen: Das ist gut!

AN JUGENDLICHE IN SARAJEWO/BOSNIEN, 6.6.2015

Demut

Eines fehlt dir noch: Bettler zu werden! Das ist es, was uns fehlt: zu lernen, die anzubetteln, denen wir etwas geben. Das ist nicht leicht zu verstehen – betteln lernen. Lernen, von der Demut derer zu empfangen, denen wir helfen. (...) Die Menschen, denen wir helfen – Arme, Kranke, Waisen – haben uns viel zu geben. Mache ich mich zum Bettler und bitte ich auch darum? Oder bin ich mir selbst genug und will nur geben? Ihr, die ihr lebt, indem ihr immer gebt und glaubt, nichts nötig zu haben, wisst ihr, dass ihr arme Schlucker seid? Wisst ihr, dass ihr sehr arm seid und bedürftig, selbst etwas zu empfangen?

AN JUGENDLICHE IN MANILA/PHILIPPINEN, 18.1.2015

„Was tust du?" – „Ich bin für die Armen tätig." – „Schön, und was tust du?" – „Ich lehre die Armen, ich sage den Armen, was sie tun sollen." Nein, das geht nicht; der erste Schritt besteht darin, dass du dir von den Armen sagen lässt, wie sie leben, was sie brauchen ...

GENERALAUDIENZ, 23.9.2020

Wie leer ist solch ein Leben, das *Bedürfnissen* nachjagt, ohne auf *die Bedürftigen* zu schauen! Wenn wir *über Gaben verfügen*, dann nur darum, dass wir eine Gabe für die anderen *sind*. Und hier, Brüder und Schwestern, stellen wir uns die Frage: Befriedige ich nur das Bedürfnis des Anderen, oder schaue ich ihn an (...)?

PREDIGT, 15.11.2020

Aus Fehlern lernen

Man sagt, der Mensch sei das einzige Tier, das zweimal an derselben Stelle fällt, weil er nicht sofort aus seinen Fehlern lernt. Jemand kann sagen: „Ich habe keinen Fehler gemacht", aber er verbessert sich nicht; das führt dich zur Eitelkeit, zum Hochmut, zum Stolz ... Ich glaube, dass die Fehler auch in meinem Leben große Lehrmeister des Lebens waren und sind. Große Lehrmeister: Sie lehren dich viel. Sie demütigen dich auch, denn man kann sich als Supermann, als Superfrau fühlen, und dann machst du einen Fehler, und das demütigt dich und bringt dich an deinen Platz zurück.

Ich würde nicht sagen, dass ich aus allen meinen Fehlern gelernt habe: Nein, ich glaube, dass ich aus einigen nicht gelernt habe, weil ich dickköpfig bin und es nicht einfach ist zu lernen. Aber aus vielen Fehlern habe ich gelernt, und das hat mir gutgetan, es hat mir gutgetan. Und auch die Fehler anzuerkennen ist wichtig: Ich habe hier einen Fehler gemacht, ich habe dort einen Fehler gemacht, ich mache dort einen Fehler ... Und auch aufzupassen, nicht wieder denselben Fehler zu machen, wieder aus demselben Brunnen zu schöpfen ... Der Dialog mit den eigenen Fehlern ist etwas Gutes, weil sie dich etwas lehren; und das Wichtige ist, dass sie dir helfen, etwas demütiger zu werden, und die Demut tut den Menschen, tut uns sehr gut, sie tut uns sehr gut.

GESPRÄCH MIT JUGENDLICHEN AUS BELGIEN, 31.3.2014

Schluss mit dem Geschwätz

Es erschreckt mich, wenn es in einer Familie, einem Stadtviertel, am Arbeitsplatz, in einer Pfarrei oder auch im Vatikan Geschwätz gibt – es erschreckt mich ... Habt ihr im Fernsehen gesehen, wie das die Terroristen machen? Die schmeißen eine Bombe und rennen dann weg. Etwas in der Art. So ist Geschwätz: eine Bombe werfen und dann wegrennen. (...) Es zerstört eine Familie, ein Stadtviertel, eine Pfarrei – es zerstört alles. Aber vor allem zerstört es dein Herz. Denn wenn dein Herz dazu imstande ist, eine Bombe zu schmeißen, dann bist du ein Terrorist. Du tust im Verborgenen Böses, und dein Herz verdirbt. Niemals Geschwätz!

GESPRÄCH MIT JUGENDLICHEN BEI EINEM PFARREIBESUCH IN ROM, 12.3.2017; ÜBERSETZUNG DES HERAUSGEBERS

Innehalten und staunen

Heute wird die Natur, die uns umgibt, nicht mehr bewundert, kontemplativ betrachtet, sondern „verschlungen". Wir sind gierig geworden, abhängig vom Profit und von sofortigen Ergebnissen um jeden Preis. Der Blick auf die Wirklichkeit wird immer schneller, zerstreuter, oberflächlicher, während Nachrichten sich wie Lauffeuer verbreiten und Wälder verbrennen. Konsumkrank. Das ist unsere Krankheit! Konsumkrank. Man lechzt nach der neuesten „App", aber man kennt die Namen der Nachbarn nicht mehr, und kann schon gar nicht einen Baum vom anderen unterscheiden. Und was am Schlimmsten ist: Durch diesen Lebensstil gehen die Wurzeln verloren, verliert man die Dankbarkeit für das, was da ist, und für den, der es uns gegeben hat. Um nicht zu vergessen, müssen wir zur Kontemplation zurückkehren; um uns nicht in tausend nutzlosen Dingen zu verlieren, ist es notwendig, die Stille wiederzufinden; damit das Herz nicht krank wird, müssen wir innehalten. Das ist nicht einfach. Man muss sich zum Beispiel aus der Gefangenschaft des Handys befreien, um jenen in die Augen zu schauen, die um uns herum sind, und auf die Schöpfung, die uns geschenkt worden ist (...).

Kontemplativ sein bedeutet, sich Zeit zu schenken, um zu schweigen, um zu beten, so dass in die Seele die Harmonie zurückkehrt, das gesunde Gleichgewicht zwischen Kopf, Herz und Händen; zwischen Denken, Fühlen und Handeln. Die Kontemplation ist das Gegenmittel zu übereilten, oberflächlichen und unbeständigen Entscheidungen. Wer kontemplativ ist, lernt, die Erde zu spüren, die ihn trägt; er versteht, dass er nicht allein und sinnlos auf der Welt ist.

ANSPRACHE, 12.9.2020

Sich von der Schönheit anregen lassen, von der Ergriffenheit, vom Staunen, das neue Horizonte zu öffnen und neue Fragen zu stellen vermag.

AN PRIESTER UND ORDENSLEUTE IN BANGKOK/
THAILAND, 22.11.2019

Mitleid

Unser Mitleid ist der beste Impfstoff gegen die Epidemie der Gleichgültigkeit. „Das geht mich nichts an", „das betrifft mich nicht", „damit habe ich nichts zu tun", „das ist seine Sache": Das sind die Symptome der Gleichgültigkeit. (...) Wer dagegen Mitleid hat, geht von „du interessierst mich nicht" über zu „du bist mir wichtig". Oder wenigstens: „Du berührst mein Herz." Das Mitleid ist jedoch kein schönes Gefühl, es ist keine Frömmelei, sondern es bedeutet, eine neue Bindung zum anderen herzustellen. Es bedeutet, sich um ihn zu kümmern wie der barmherzige Samariter, der, weil er „Mitleid hat", für jenen bedauernswerten Mann sorgt, den er nicht einmal kennt (vgl. *Lk* 10,33–34). Die Welt braucht diese kreative und tätige Nächstenliebe: Menschen, die nicht vor einem Bildschirm sitzen und kommentieren, sondern Menschen, die sich die Hände schmutzig machen, um den Verfall zu beseitigen und die Würde zurückzuerstatten. Mitleid zu haben ist eine Entscheidung: Es bedeutet, sich zu entscheiden, keinen Feind zu haben, um in jedem meinen Nächsten zu sehen. Und das ist eine Entscheidung.

Das bedeutet nicht, schlaff zu werden und aufzuhören zu kämpfen. Im Gegenteil: Wer Mitleid hat, tritt in einen harten täglichen Kampf gegen das Wegwerfen und die Verschwendung ein, das Wegwerfen der anderen und die Verschwendung der Dinge. Es tut weh, daran zu denken, wie viele Menschen mitleidlos weggeworfen werden: alte Menschen, Kinder, Arbeiter, behinderte Personen ...

ANSPRACHE, 12.9.2020

Der Mensch, der die Dinge sieht, wie sie wirklich sind, der sich vom Schmerz durchdringen lässt und in seinem Herzen weint, ist fähig, die Tiefen des Lebens zu berühren und wahrhaft glücklich zu sein. (...) So kann er sich trauen, fremdes Leid zu teilen, und hört auf, vor den schmerzvollen Situationen zu fliehen. Auf diese Weise findet er, dass das Leben Sinn hat, wenn man dem anderen in seinem Schmerz beisteht, wenn man die fremde Angst versteht, wenn man den anderen Erleichterung verschafft. Dieser Mensch spürt, dass der andere Fleisch von seinem Fleisch ist; er fürchtet sich nicht davor, sich zu nähern und sogar seine Wunde zu berühren; er hat solches Mitleid, das ihn erfahren lässt, dass alle Distanz verschwindet. So kann man die Ermahnung des heiligen Paulus annehmen: „Weint mit den Weinenden!" (*Röm* 12,15).

BRIEF AN RÖMISCHE PRIESTER, 31.5.2020

Im eigenen Umfeld für Frieden sorgen

Bei einer Familie gehören die Eltern, die Großeltern, die Kinder dazu; keiner ist ausgeschlossen. Wenn einer eine Schwierigkeit hat, sogar eine gravierende, kommen die anderen ihm zu Hilfe und unterstützen ihn, selbst dann, wenn er sie sich selbst „eingebrockt" hat. Sein Leid ist das Leid aller. In den Familien tragen alle zum gemeinsamen Vorhaben bei, alle arbeiten für das gemeinsame Wohl, aber ohne den Einzelnen „auszuhebeln". Im Gegenteil, sie stützen und fördern ihn. Sie streiten sich, doch es gibt etwas, das unverrückbar bleibt: die familiäre Verbindung. Die familiären Streitigkeiten werden zu Versöhnungen. Die Freuden und die Leiden eines jeden machen sich alle zu eigen. Das ist Familie! Wenn es uns gelingen könnte, den politischen Gegner oder den Hausnachbarn mit den gleichen Augen zu sehen, wie wir unsere Kinder, die Ehefrau oder den Ehemann, den Vater oder die Mutter sehen, wie gut wäre das doch! (...) Große Veränderungen werden nicht am Schreibtisch oder in Büros fabriziert. (...) Es gibt auch ein „Handwerk" des Friedens, das uns alle einbezieht.

ENZYKLIKA FRATELLI TUTTI, 3.10.2020,
NR. 230–231

Nicht neidisch sein

Der Neid ist eine Traurigkeit über fremdes Gut, die zeigt, dass uns das Glück der anderen nicht interessiert, weil wir ausschließlich auf das eigene Wohlsein konzentriert sind.

Während die Liebe uns aus uns selbst herausgehen lässt, führt uns der Neid dazu, uns auf das eigene Ich zu konzentrieren. Die wahre Liebe würdigt die fremden Erfolge, sie empfindet sie nicht als Bedrohung und befreit sich von dem bitteren Geschmack des Neides. Sie akzeptiert, dass alle unterschiedliche Gaben und verschiedene Wege im Leben haben. Sie versucht also, den eigenen Weg zu entdecken, um glücklich zu sein, und lässt die anderen den ihren finden.

(...) Die Liebe führt uns zu einer aufrichtigen Würdigung jedes Menschen, indem wir sein Recht auf Glück anerkennen. Ich liebe diesen Menschen, betrachte ihn mit dem Blick Gottes des Vaters, der uns alles schenkt, „damit wir es genießen" (vgl. 1 Tim 6,17), und so bejahe ich innerlich, dass er sich eines guten Momentes erfreuen kann. Dieselbe Wurzel der Liebe ist es jedenfalls, die mich die Ungerechtigkeit ablehnen lässt, dass einige im Überfluss leben und andere nichts besitzen, oder die mich danach trachten lässt, dass auch die Ausgesonderten der Gesellschaft ein bisschen Freude erleben können. Das aber ist nicht Neid, sondern Verlangen nach Gerechtigkeit.

APOSTOLISCHES SCHREIBEN AMORIS LAETITIA, 19.3.2016, NR. 95–96

Freude verbreiten

Die große Gefahr der Welt von heute mit ihrem vielfältigen und erdrückenden Konsumangebot ist eine individualistische Traurigkeit, die aus einem bequemen, begehrlichen

Herzen hervorgeht, aus der krankhaften Suche nach oberflächlichen Vergnügungen, aus einer abgeschotteten Geisteshaltung. Wenn das innere Leben sich in den eigenen Interessen verschließt, gibt es keinen Raum mehr für die anderen, finden die Armen keinen Einlass mehr, hört man nicht mehr die Stimme Gottes, genießt man nicht mehr die innige Freude über seine Liebe, regt sich nicht die Begeisterung, das Gute zu tun. Auch die Gläubigen laufen nachweislich und fortwährend diese Gefahr. Viele erliegen ihr und werden zu gereizten, unzufriedenen, empfindungslosen Menschen. Das ist nicht die Wahl eines würdigen und erfüllten Lebens (...).

Die Versuchung erscheint häufig in Form von Entschuldigungen und Beanstandungen, als müssten unzählige Bedingungen erfüllt sein, damit Freude möglich ist. Denn es ist der technologischen Gesellschaft gelungen, die Vergnügungsangebote zu vervielfachen, doch es fällt ihr sehr schwer, Freude zu erzeugen. Ich kann wohl sagen, dass die schönsten und spontansten Freuden, die ich im Laufe meines Lebens gesehen habe, die ganz armer Leute waren, die wenig haben, an das sie sich klammern können. Ich erinnere mich auch an die unverfälschte Freude derer, die es verstanden haben, sogar inmitten bedeutender beruflicher Verpflichtungen ein gläubiges, großzügiges und einfaches Herz zu bewahren. (...)

„Der Vorschlag lautet, auf einer höheren Ebene zu leben, jedoch nicht weniger intensiv"

Das Gute neigt immer dazu, sich mitzuteilen. Jede echte Erfahrung von Wahrheit und Schönheit sucht von sich aus, sich zu verbreiten (...). Der Vorschlag lautet, auf einer höheren Ebene zu leben, jedoch nicht weniger intensiv: Das Leben wird reicher, wenn man es hingibt; es verkümmert, wenn man sich isoliert und es sich bequem macht. In der Tat, die größte Freude am Leben erfahren jene, die sich nicht um jeden Preis absichern, sondern sich vielmehr leidenschaftlich dazu gesandt wissen, anderen Leben zu geben.

APOSTOLISCHES SCHREIBEN EVANGELII GAUDIUM, 24.11.2013, NR. 2, 7, 9–10

Impuls: Bringe ich anderen Freude?

Wir alle sind Träger der Freude. Habt ihr schon einmal darüber nachgedacht? Dass du ein Träger der Freude bist? Oder bringst du lieber schlechte Nachrichten, Dinge, die die Menschen traurig machen? Wir alle sind in der Lage, Freude zu bringen. Dieses Leben ist das Geschenk, das Gott uns gemacht hat: Es ist zu kurz, um es in der Traurigkeit, der Bitterkeit zu vergeuden.

GENERALAUDIENZ, 20.5.2020

Für mehr Fürsorge: eine Ethik der Nächstenliebe leben

Jage ich den
Wolken nach?

Welche Farbe
hat die Zukunft?

Wer bügelt
meine Hemden?

Verstehen, woher man kommt

Stellt euch Folgendes vor: Wenn jemand euch ein Angebot macht und euch sagt, ihr braucht die Geschichte nicht zu beachten, den Erfahrungsschatz der Alten nicht zu beherzigen und ihr könnt all das missachten, was Vergangenheit ist, und sollt nur auf die Zukunft schauen, die er euch bietet, wäre dies nicht eine einfache Art, euch mit seinem Angebot anzuziehen, um euch nur das tun zu lassen, was er euch sagt? Dieser Jemand benötigt euch leer, entwurzelt, gegenüber allem misstrauisch, damit ihr nur seinen Versprechen vertraut und euch seinen Plänen unterwerft. So funktionieren die Ideologien verschiedener Couleur, die all das zerstören (oder abbauen), was anders ist; auf diese Weise können sie ohne Widerstände herrschen. Zu diesem Zweck brauchen sie junge Menschen, die die Geschichte verachten, die den geistlichen und menschlichen Reichtum ablehnen, der über die Generationen weitergegeben wurde, und die all das nicht kennen, was ihnen vorausgegangen ist.

„So schwerwiegend wie das Aussterben der Tierarten"

Heute erleben wir eine Tendenz zur „Homogenisierung" der jungen Menschen, welche die ihrem Herkunftsort eigenen Unterschiede auflösen und sie in manipulierbare serienmäßig hergestellte Individuen verwandeln will. So entsteht eine kulturelle Zerstörung, die so schwerwiegend ist wie das Aussterben der Tier- und Pflanzenarten. Deshalb habe ich in einer Botschaft die in Panama versammelten jungen Indigenen ermutigt, sich der Wurzeln bewusst zu werden; denn aus den eigenen Wurzeln kommt die Kraft zu wachsen, zu blühen und Frucht zu bringen.

APOSTOLISCHES SCHREIBEN CHRISTUS VIVIT, 25.3.2019, NR. 181.186

Sich zu seinem Volk zugehörig fühlen

Liebe, die über alle Grenzen hinausreicht, ist die Grundlage dessen, was wir in jeder Stadt und in jedem Land „soziale Freundschaft" nennen. Wenn dieser freundschaftliche Umgang in der Gesellschaft authentisch ist, ergibt er eine Bedingung der Möglichkeit von wirklicher universaler Offenheit. Damit ist nicht der falsche Universalismus derer gemeint, die ständig verreisen müssen, weil sie ihr eigenes Volk nicht ertragen und lieben. Wer sein Volk verachtet, etabliert in seiner eigenen Gesellschaft Kategorien einer ersten und einer zweiten Klasse, von Menschen mit mehr oder weniger Würde und Rechten. Auf diese Weise verneint er, dass es Platz für alle gibt.

Ich spreche hier auch nicht von einem autoritären und abstrakten Universalismus, den einige diktieren oder entwerfen und als angebliches Ideal darstellen, um alle gleichzuschalten, zu dominieren und auszubeuten. Es gibt ein Globalisierungsmodell, dass bewusst auf eine eindimensionale Uniformität abzielt und versucht, alle Unterschiede und Traditionen in einem oberflächlichen Streben nach Einheit zu beseitigen. Wenn eine Globalisierung anstrebt, alle gleichzumachen, als entspräche sie dem Bild einer Kugel, dann zerstört diese Globalisierung den Reichtum und die Besonderheit jedes Einzelnen und jedes Volkes. Dieser falsche universalistische Traum endet damit, dass die Welt der Vielfalt ihrer Farben, ihrer Schönheit und letztlich ihrer Menschlichkeit beraubt wird. Denn die Zukunft ist nicht „einfarbig". Wenn wir den Mut dazu haben, können wir sie in der Vielfalt und in der Unterschiedlichkeit der Beiträge betrachten, die jeder einzelne leisten kann. Wie sehr muss unsere Menschheitsfamilie lernen, in Harmonie und Frieden zusammenzuleben, ohne dass wir dazu alle gleich sein müssen!

ENZYKLIKA FRATELLI TUTTI, 3.10.2020,
NR. 99–100

Auf das Gute setzen

Es ist wesentlich, sich an das Gute zu erinnern, das man empfangen hat. Ohne die Erinnerung daran werden wir uns selbst fremd, werden wir zu „flüchtigen" Existenzen; ohne die Erinnerung entwurzeln wir uns von dem Boden, der uns nährt, und lassen uns wie Blätter vom Wind davontragen. Erinnerung hingegen bedeutet, sich an die stärksten Bande zu halten, sich als Teil einer Geschichte zu erleben, sich mit einem Volk zu identifizieren.

PREDIGT, 14.6.2020

Alles geht vom Segen aus: Die Worte des Guten bringen eine Geschichte des Guten hervor. (...) Warum tut es gut, zu segnen? Weil es das Verwandeln des Wortes in Gabe ist. Wenn man segnet, tut man nicht etwas für sich, sondern für die anderen. Segnen ist nicht schöne Worte sagen, nicht Förmlichkeiten wiedergeben: nein, es ist Gutes sagen, mit Liebe sprechen. (...) Es ist hingegen traurig zu sehen, mit welcher Leichtigkeit man heute das Gegenteil macht: man verflucht, man verachtet, man beleidigt. Von zu viel negativer Stimmung erfasst beherrscht man sich nicht, und man lässt die Wut über alles und alle heraus. Oftmals scheint leider der, der mehr und stärker schreit, der wütender ist, Recht zu bekommen und Zustimmung zu ernten. Lassen wir uns nicht von der Arroganz anstecken, lassen wir uns nicht von der Bitterkeit einnehmen (...). Lernen wir, das zu segnen, was wir haben; (...) über unsere Vergangenheit gut zu sprechen und sie nicht zu verfluchen; den anderen gute Worte zu schenken.

PREDIGT, 23.6.2019

Einen Gang herunterschalten

Wie oft lassen wir uns von der Eile, *alles und sofort* wissen zu wollen, verführen, vom Kitzel der Neugier, von der neuesten aufsehenerregenden oder skandalträchtigen Nachricht, von anrüchigen Geschichten, vom Geschrei dessen, der am lautesten und wütendsten schreit, von dem, der sagt: „Jetzt oder nie". Diese Eile aber, dieses *Alles-und-sofort* kommt nicht von Gott. Wenn wir uns um das *Sofort* Sorgen machen, vergessen wir das, was für *immer* bleibt: Wir jagen den vorbeiziehenden Wolken nach und verlieren den Himmel aus dem Blick. Angezogen vom letzten Rummel, finden wir keine Zeit mehr für Gott und für den Mitmenschen, der neben uns wohnt. Wie wahr ist das heute! Getrieben von der Begierde, zu laufen sowie alles und sofort zu erlangen, wird uns der lästig, der zurückbleibt. Und er wird für Abfall gehalten: die Alten, die Ungeborenen, die Menschen mit Behinderung, die für unnütz erachteten Armen. Man läuft in Eile, ohne sich darüber Sorgen zu machen, dass die Distanzen zunehmen, dass die Gier einiger weniger die Armut vieler vergrößert.

PREDIGT, 17.11.2019

Sich engagieren, auch politisch

Wenn zu mir gesagt wird: „Aber Pater, was sind das hier doch für schlechte Zeiten ... Sehen Sie, es gibt nichts, was man tun könnte!" Was soll das heißen: Man kann nichts machen? Und ich erläutere, dass man sogar viel tun kann! Aber wenn ein junger Mensch zu mir sagt: „Was sind das doch für schlechte Zeiten, Pater, es gibt nichts, was man tun könnte!" Hm! Den schicke ich zum Psychiater.

AN JUGENDLICHE, 28.8.2013

Habt ihr über die Talente nachgedacht, die Gott euch gegeben hat? Habt ihr darüber nachgedacht, wie ihr sie in den Dienst der anderen stellen könnt? Vergrabt die

Talente nicht! Setzt auf die großen Ideale, auf jene Ideale, die das Herz weit werden lassen, die Ideale des Dienstes, die eure Talente fruchtbar machen werden. Das Leben ist uns nicht geschenkt worden, damit wir es eifersüchtig für uns selbst bewahren, sondern es ist uns geschenkt worden, damit wir es hingeben. Liebe Jugendliche, habt ein großes Herz! Habt keine Angst, von großen Dingen zu träumen!

GENERALAUDIENZ, 24.4.2013

Werdet nicht müde, für eine gerechtere und solidarischere Welt zu arbeiten! Niemand kann gegenüber den Ungleichheiten, die weiterhin in der Welt bestehen, gefühllos bleiben! Jeder sollte seinen Möglichkeiten und seiner Verantwortung entsprechend persönlich dazu beitragen, den vielen sozialen Ungerechtigkeiten ein Ende zu setzen. Nicht die Kultur des Egoismus, des Individualismus, die häufig unsere Gesellschaft bestimmt, nicht sie baut eine bewohnbarere Welt auf und führt zu ihr hin, nicht sie, sondern die Kultur der Solidarität: Die Kultur der Solidarität heißt, im anderen nicht einen Konkurrenten oder eine Nummer zu sehen, sondern einen Bruder. Und wir alle sind Brüder und Schwestern!

IN RIO DE JANEIRO/BRASILIEN, 25.7.2013

Ich bin eine Mission auf dieser Erde, und ihretwegen bin ich auf dieser Welt (...). Da zeigt sich, wer aus ganzer Seele Krankenschwester, aus ganzer Seele Lehrer, aus ganzer Seele Politiker ist – diejenigen, die sich zutiefst dafür entschieden haben, bei den anderen und für die anderen da zu sein. Wenn hingegen einer die Pflicht auf der einen Seite und die Privatsphäre auf der anderen Seite voneinander trennt, dann wird alles grau ...

APOSTOLISCHES SCHREIBEN EVANGELII GAUDIUM, NR. 273

Sich mit Gleichgesinnten zusammenschließen

Gewiss kann jeder von uns große Dinge vollbringen, ja; aber gemeinsam können wir träumen und uns für unvorstellbare Dinge einsetzen! (...) Niemals sich isolieren oder alles allein machen wollen! Es ist eine der schlimmsten Versuchungen, die wir haben können.

In Gemeinschaft, also gemeinsam können wir lernen, die kleinen alltäglichen Wunder zu entdecken (...). Wir alle sind wichtig; alle, alle sind wir notwendig und niemand kann sagen: „Ich brauche dich nicht" ...

AN JUGENDLICHE IN MADAGASKAR, 7.9.2019

Dem Anderen entgegengehen

Zuweilen kann man in einem Mietshaus wohnen, ohne denjenigen zu kennen, der neben uns lebt; oder man kann in einer Gemeinschaft sein, ohne seinen eigenen Mitbruder wirklich zu kennen (...). Die Ruhelosigkeit der Liebe treibt immer dazu an, dem anderen entgegenzugehen, ohne darauf zu warten, dass der andere sein Bedürfnis zum Ausdruck bringt. (...)

Blicke in die Tiefe deines Herzens, blicke in dein Inneres und frage dich: Hast du ein Herz, das etwas Großes will, oder ein Herz, das von den Dingen eingeschläfert ist? Hat dein Herz die Ruhelosigkeit der Suche bewahrt oder hast du zugelassen, dass es von den Dingen erstickt wird, die es letztlich schrumpfen lassen?

PREDIGT, 28.8.2013

Wir möchten, dass uns jemand zuhört? Hören wir zu! Wir brauchen Ermutigung? Machen wir Mut! Wir möchten, dass sich jemand um uns kümmert? Kümmern wir uns um denjenigen, der niemanden hat! Wir brauchen Hoffnung für morgen? Schenken wir heute Hoffnung!

VIDEOBOTSCHAFT, 31.5.2020

Kontakt zu den Großeltern halten

Der Welt hat der Bruch zwischen den Generationen niemals gedient und er wird ihr niemals dienen. Es sind die Sirenengesänge einer Zukunft ohne Wurzeln, ohne Verwurzelung. Es ist die Lüge, die dich glauben machen will, dass nur das, was neu ist, gut und schön ist. Die Existenz der Beziehungen zwischen den Generationen bringt mit sich, dass man in den Gemeinschaften ein kollektives Gedächtnis besitzt, da jede Generation die Lehren der Vorfahren wiederaufnimmt und so den Nachfahren ein Erbe hinterlässt. Dies stellt Bezugspunkte dar, um eine neue Gesellschaft unerschütterlich zu festigen. Wie das Sprichwort sagt: „Wenn der junge Mensch wüsste und der ältere könnte, gäbe es nichts, was man nicht tun würde". (...)

„Sich festmachen in den Träumen der älteren Menschen"

Die älteren Menschen haben von Erinnerungen, von den Bildern vieler erlebter Dinge durchwirkte Träume, die von der Erfahrung und den Jahren gekennzeichnet sind. Wenn die jungen Menschen sich in den Träumen der älteren festmachen, wird es ihnen gelingen, die Zukunft zu sehen, und können sie Visionen haben, die den Horizont öffnen und ihnen neue Wege zeigen. Wenn aber die älteren Menschen nicht träumen, können die jungen nicht mehr klar den Horizont sehen.

Es ist gut, unter den Dingen, die unsere Eltern aufbewahrt haben, einige Erinnerungsstücke zu finden, die uns erlauben, uns das vorzustellen, was unsere Großeltern sich für uns erträumt haben. Jeder Mensch hat von seinen Großeltern, noch bevor er geboren wurde, als Geschenk den Segen eines Traums erhalten, der voll von Liebe und Hoffnung ist: jener von einem besseren Leben. (...) Deshalb ist es gut, die älteren Menschen lang erzählen zu lassen, auch wenn sie zuweilen mythologisch, phantasievoll scheinen, – es sind Träume von Senioren –, aber oftmals sind sie voll von wertvoller Erfahrung, von aussagekräftigen Zeichen, von versteckten Botschaften. Diese Erzählungen erfordern

Zeit und dass wir uns einfach so darauf einrichten, mit Geduld zuzuhören und zu interpretieren, weil sie länger sind als das gewohnte Format einer Nachricht in den sozialen Netzwerken. Wir müssen akzeptieren, dass die ganze Weisheit, derer wir für das Leben bedürfen, nicht innerhalb der Grenzen eingeschlossen sein kann, die von den gegenwärtigen Kommunikationsmöglichkeiten auferlegt werden.

APOSTOLISCHES SCHREIBEN CHRISTUS VIVIT, 25.3.2019, NR. 191.193−195

Von jungen Menschen lernen

Es gibt nichts Schöneres, als die frohe Bereitschaft, die Hingabe, die Leidenschaft und die Energie zu betrachten, mit der viele junge Menschen ihr Leben leben. Das ist schön! (...) Es ist anregend, wenn man hört, wie sie ihre Träume, ihre Fragen mitteilen und ihre Bereitschaft, sich allen entgegenzustellen, die behaupten, es könne sich nichts ändern. Jenen, die ich „Quietisten" nenne: „Nichts kann sich ändern." Nein, die jungen Leute haben die Kraft, sich denen entgegenzustellen! (...) Es ist ein Geschenk des Himmels, viele von euch sehen zu können, die ihr mit euren Diskussionen zu erreichen sucht, dass die Dinge anders werden. Es ist schön und es tröstet mein Herz, euch so rebellisch zu sehen.

AN JUGENDLICHE IN KRAKAU/POLEN, 28.7.2016

Die Zuhör-Therapie

Die Alpinisten haben ein sehr schönes Lied, das ich den jungen Menschen gerne wiederhole. Während sie aufsteigen, singen sie: „In der Kunst des Aufstiegs liegt der Sieg nicht darin, nicht zu fallen, sondern darin, nicht liegen zu bleiben." Das ist die Kunst. (...) Und wenn du einen Freund oder eine Freundin siehst, der bzw. die im Leben ins Schleudern gekommen und gefallen ist, dann geh und biete ihm oder ihr deine Hand an, aber biete sie mit Würde an. Setze dich neben ihn, neben sie und höre zu ... Sag nicht: „Ich habe das Rezept für dich!" Nein, als Freund, ganz ruhig gib ihnen Kraft mit deinen Worten, gib ihnen Kraft mit dem Zuhören, mit dieser Medizin, die in Vergessenheit gerät: die „Zuhör-Therapie". Lass den anderen sprechen, lass ihn erzählen, und dann, ganz allmählich wird er dir seine Hand entgegenstrecken, und du wirst ihm helfen (...). Wenn du aber mit der Tür ins Haus fällst und beginnst, ihm eine Standpauke zu halten und ihn immerzu bedrängst, dann – der Arme – lässt du ihn schlechter zurück, als du ihn vorgefunden hast ... Ist das klar?

AN JUGENDLICHE IN MORELIA/MEXIKO, 16.2.2016

Zeit mit anderen verschwenden

Die großen Werte des Lebens (...) werden nur „im Dialekt" weitergegeben, das heißt in der Sprache der Familie. (...) Ja, in der Schule lernt man sehr viel, gute Dinge, Werte, aber die Grundwerte lernt man „im Dialekt", sie werden „im Dialekt" weitergegeben. Es ist wichtig, dass man einen Weg sucht, um den Eltern zu helfen, dass sie mit ihren Kindern sprechen können.

Ein Vater hat mir einmal gesagt: „Wenn ich morgens zur Arbeit gehe, schlafen die Kinder noch. Und wenn ich abends zurückkomme, schlafen sie schon." Nur am Sonntag, am Sonntag spricht er mit ihnen. Aber es ist diese Kultur, die so ist, denn sie versklavt, und die Arbeit nimmt das ganze Leben ein. (...) Ich habe eine Angewohnheit: Wenn ich die Beichte eines Vaters oder einer Mutter höre, die relativ kleine Kinder haben – auch etwas größere, aber vor allem kleine –, dann frage ich, ob sie mit den Kindern spielen. Werte werden auch beim Spiel weitergegeben. „Hast du Zeit, dich auf dem Fußboden niederzulassen, um gemeinsam mit deinem Sohn, deiner Tochter etwas zu machen?" Das ist wichtig, das darf man nicht verlieren! „Aber ich komme müde nach Hause ... Ich weiß nicht, ich schaue gerne fern ..." Aber spiel mit deinen Kindern! „Das ist langweilig ..." Nein, du lernst es. Das ist ein wichtiges Kriterium. Vater und Mutter, die spielen können, die Zeit mit ihren Kindern verschwenden. (...) Das ist der „Dialekt" der Liebe, der die Weitergabe aller Werte und des Glaubens bewirkt. Bitte, arbeitet dafür. Der Kern der Liebe ist die Familie. Was man in der Familie nicht lernt, wird man schwer außerhalb von ihr lernen.

BEIM BESUCH IN EINER RÖMISCHEN PFARREI, 6.5.2018

Bitte, danke, entschuldige

Das Wichtigste aber ist es, gemeinsam voranzugehen, zusammenzuarbeiten, sich gegenseitig zu helfen; einander um Vergebung zu bitten; seine Fehler einzugestehen und sich dafür zu entschuldigen; aber auch die Entschuldigungen der anderen anzunehmen und zu vergeben – das ist so wichtig! Manchmal muss ich an die vielen Ehen denken, die nach vielen Jahren auseinandergehen. „Hm ... nein, wir haben uns nichts mehr zu sagen, wir haben uns auseinandergelebt." Vielleicht haben sie es versäumt, rechtzeitig um Entschuldigung zu bitten. Vielleicht haben sie es versäumt, rechtzeitig zu vergeben. Neuvermählten gebe ich immer folgenden Rat mit auf den Weg: „Streitet, soviel ihr wollt! Und wenn dabei Geschirr zu Bruch geht, was soll's? Aber lasst keinen Tag zu Ende gehen, ohne dass ihr euch wieder vertragen habt! Niemals!" Wenn die Eheleute lernen, zu sagen: „Entschuldige, ich war einfach nur müde", oder sich zu einer kleinen Geste durchringen, dann ist das Frieden. Und dann kann man am nächsten Tag wieder neu anfangen. Das ist ein schönes Geheimnis. So können sich schmerzliche Trennungen vermeiden lassen.

Es ist wichtig, vereint voranzugehen, ohne unbedacht voraus zu hasten oder wehmütig zurückzublicken. Und während man so auf dem Weg ist, spricht man miteinander, man lernt einander kennen, erzählt von sich, wächst als Familie immer mehr zusammen.

ANSPRACHE IM DOM VON ASSISI, 4.10.2013

Vergeben

Wir alle sind Schuldner. Alle. (...) Jeder Mensch weiß, dass er nicht der Vater oder die Mutter ist, der oder die er sein sollte, der Ehemann oder die Ehefrau, der Bruder oder die Schwester, der oder die er sein sollte. Wir alle stehen im ‚Defizit‘ im Leben. Und wir brauchen Barmherzigkeit. Wir wissen, dass auch wir Böses getan haben; es fehlt immer etwas am Guten, das wir getan haben sollten. (...)

Wir leben von der Barmherzigkeit und dürfen uns nicht erlauben, ohne Barmherzigkeit zu sein: Sie ist die Luft zum Atmen. Wir sind zu arm, um Bedingungen zu stellen, wir müssen vergeben, weil wir Vergebung empfangen müssen.

GENERALAUDIENZ, 18.3.2020

Wenn wir beleidigt oder enttäuscht wurden, ist die Vergebung möglich und wünschenswert, doch niemand behauptet, das sei leicht. (...) Heute wissen wir, dass wir, um vergeben zu können, die befreiende Erfahrung gemacht haben müssen, uns selbst zu verstehen und zu vergeben. Oftmals haben unsere Fehler und der kritische Blick derer, die wir lieben, uns so weit gebracht, das Wohlwollen uns selbst gegenüber zu verlieren. Das bewirkt, dass wir uns schließlich vor den anderen hüten, die Zuneigung fliehen und in den zwischenmenschlichen Beziehungen Ängste in uns anhäufen. Die anderen beschuldigen zu können, wird dann eine trügerische Erleichterung. Es ist notwendig, mit der eigenen Geschichte ins Reine zu kommen, sich selbst anzunehmen, mit den eigenen Begrenzungen leben zu können und auch sich selbst zu vergeben, um diese selbe Haltung den anderen gegenüber haben zu können.

APOSTOLISCHES SCHREIBEN AMORIS LAETITIA, 19.3.2016, NR. 106–107

Sich trauen, feste Bindungen einzugehen

Gewiss müssen wir anerkennen, dass wir heutzutage nicht an etwas gewöhnt sind, das wirklich das ganze Leben hält. Wir leben in einer Kultur des Vorläufigen, wir sind nicht daran gewöhnt. Wenn ich Hunger oder Durst verspüre, kann ich etwas zu mir nehmen, aber das Gefühl, satt zu sein, hält nicht einmal einen Tag an. Wenn ich eine Arbeit habe, weiß ich, dass ich sie gegen meinen Willen verlieren könnte oder eventuell eine andere Laufbahn wählen muss. Es ist sogar schwierig, die Welt zu überblicken, da sich alles um uns herum ändert: Menschen in unserem Leben kommen und gehen, es werden Versprechen gemacht, aber oft gebrochen oder nicht eingelöst.

„Gibt es überhaupt etwas Wertvolles, das halten könnte?"

Vielleicht betrifft das (...) in Wirklichkeit etwas noch Grundlegenderes: „Gibt es überhaupt *etwas* Wertvolles, das halten könnte?" Das ist die Frage. Es scheint, dass nichts Schönes, nichts Wertvolles fortdauert. „Aber gibt es wirklich nichts Wertvolles, das halten kann? Nicht einmal die Liebe?" Und es gibt die Versuchung, dass das „für das ganze Leben", das ihr zueinander sagen werdet, sich ändert und mit der Zeit stirbt. Wenn man die Liebe nicht mit Liebe wachsen lässt, ist sie von kurzer Dauer. Das „für das ganze Leben" ist eine Verpflichtung, die Liebe wachsen zu lassen, denn in der Liebe gibt es keine Vorläufigkeit. Wenn man es nicht Begeisterung nennt, sagt man, ich weiß nicht, Verzauberung, aber die wahre Liebe ist definitiv, es ist ein „ich und du". Wie man bei uns sagt, das ist „die Hälfte der Orange": Du bist meine Orangenhälfte, ich bin deine Orangenhälfte. Liebe ist so: Alles und für das ganze Leben. Es ist leicht, dass wir zu Gefangenen einer Kultur der Kurzlebigkeit werden. Und diese Kultur greift eben die Wurzeln unserer Reifungsprozesse, unseres Wachstums in der Hoffnung und Liebe an. Wie können wir in dieser Kultur der Kurzlebigkeit erfahren, was wirklich hält? (...)

Der „Sturm", in dem wir leben, ist eher Egoismus, persönliche Interessen ... die Welt braucht eine Revolution der Liebe. Möge diese Revolution bei euch und euren Familien beginnen!

Vor einigen Monaten sagte mir jemand, dass wir im Begriff sind, unsere Fähigkeit zu lieben zu verlieren. Langsam, aber sicher vergessen wir gerade die direkte Sprache einer Liebkosung, die Kraft der Zärtlichkeit. Es scheint, dass das Wort Zärtlichkeit aus dem Wörterbuch gestrichen wurde.

ANSPRACHE IN DER KATHEDRALE VON DUBLIN/
IRLAND, 25.8.2018

Ich möchte euch sagen, dass ihr keine Furcht davor haben dürft, endgültige Schritte zu tun: Lasst euch nicht einschüchtern! Wie oft habe ich von Müttern gehört: „Pater, mein Sohn ist jetzt schon dreißig und noch immer nicht verheiratet: was soll ich bloß tun? Er hat eine sehr hübsche Freundin, aber er entscheidet sich nicht!" Gute Frau, hören Sie einfach auf, seine Hemden zu bügeln! So ist das! Man darf keine Furcht davor haben, endgültige Schritte wie den der Ehe zu tun: vertieft eure Liebe, respektiert ihre Zeiten, ihre Ausdrucksformen ...

AN JUGENDLICHE IN ASSISI, 4.10.2013

Zärtlichkeit

Neulich hat mich jemand gefragt, wir sprachen über künstliche Intelligenz, wir haben im Dikasterium für die Kultur eine sehr, sehr hochrangige Arbeitsgruppe zur künstlichen Intelligenz: „Aber die künstliche Intelligenz, wird sie alles tun können?" – „Die Roboter der Zukunft werden alles tun können, alles, was ein Mensch tut. Aber bis auf was?", habe ich gesagt. „Was werden sie nicht tun können?" Und er hat ein wenig nachgedacht und mir gesagt: „Nur eines werden sie nicht haben können: Zärtlichkeit." Und Zärtlichkeit ist wie die Hoffnung.

Wie Péguy [Charles Péguy, französischer Schriftsteller] sagt, sind es demütige Tugenden. Es sind Tugenden, die liebkosen, die nicht herrisch sind ... Und ich glaube – das möchte ich betonen –, dass wir bei unserer ökologischen Umkehr an dieser Humanökologie arbeiten müssen, an unserer Zärtlichkeit und der Fähigkeit zu liebkosen ... Du mit deinen Kindern ... Die Fähigkeit zu liebkosen, was zum guten Leben in Harmonie gehört.

ANSPRACHE, 3.9.2020

Impuls: Mit dem Herzen sehen

Nur wer mit dem Herzen schaut, sieht gut, weil er nach innen zu sehen vermag: Er sieht die Person jenseits ihrer Fehler, den Bruder oder die Schwester jenseits seiner bzw. ihrer Schwächen, die Hoffnung in den Schwierigkeiten (...). Bin ich fähig, mit dem Herzen zu sehen? Kann ich die Menschen mit dem Herzen anschauen? Liegen mir die Leute, mit denen ich lebe, am Herzen oder vernichte ich sie mit schlechter Nachrede?

PREDIGT, 1.1.2020

Für mehr Zuversicht: <u>die Welt</u> mit Hoffnung und Idealismus gestalten

Was braucht's für
eine gute Tasse Tee?

Hüte ich mich vor
dem Holzwurm?

Was sehe ich mit
meinem Glasauge?

Lasst euch die Hoffnung nicht rauben!

Das Leben ist voller Schwierigkeiten, aber es gibt zwei verschiedene Arten, auf sie zu schauen: Entweder betrachtest du sie als etwas, das dich blockiert, das dich zerstört, das dich aufhält, oder du siehst sie als eine Chance an. Die Wahl liegt bei dir. Ist eine Schwierigkeit für mich ein Weg der Zerstörung, oder ist sie eine Gelegenheit, sie zu meinem Nutzen, zum Nutzen meiner Familie, meiner Gemeinschaft, meines Landes zu überwinden?

AN JUGENDLICHE IN NAIROBI/KENIA, 27.11.2015

Lasst euch die Hoffnung nicht rauben! Vielleicht ist die Hoffnung wie die Glut unter der Asche. Helfen wir einander mit Solidarität, indem wir auf die Asche blasen, damit das Feuer noch einmal kommt. Aber die Hoffnung trägt uns voran. Das ist kein Optimismus, das ist etwas anderes. Aber die Hoffnung gehört nicht einem allein, die Hoffnung machen wir alle!

BEGEGNUNG MIT ARBEITERN IN SARDINIEN, 22.9.2013

Ich lade zur Hoffnung ein. Sie spricht uns von einem Durst, einem Streben, einer Sehnsucht nach Fülle, nach gelungenem Leben; davon, nach Großem greifen zu wollen, nach dem, was das Herz weitet und den Geist zu erhabenen Dingen wie Wahrheit, Güte und Schönheit, Gerechtigkeit und Liebe erhebt. Die Hoffnung ist kühn. Sie weiß über die persönliche Bequemlichkeit, über die kleinen Sicherheiten und

Kompensationen, die den Horizont verengen, hinauszuschauen, um sich großen Idealen zu öffnen, die das Leben schöner und würdiger machen. Schreiten wir voller Hoffnung voran!

ENZYKLIKA FRATELLI TUTTI, 3.10.2020, NR. 55

Mit Mut, Solidarität und Intelligenz

Mein Vater ist in jungen Jahren nach Argentinien gegangen, voller Illusionen, „Amerika zu schaffen". Und er hat die schreckliche Krise der dreißiger Jahre erlitten. Sie haben alles verloren! Es gab keine Arbeit! Und ich habe in meiner Kindheit gehört, zu Hause, wie sie von dieser Zeit erzählt haben ... Ich habe es nicht gesehen, ich war noch nicht geboren, aber ich habe zu Hause dieses Leid gespürt, das Erzählen von diesem Leid gehört. Ich kenne das gut! Aber ich muss euch sagen: „Nur Mut!" Aber ich bin mir auch bewusst, dass ich meinerseits alles tun muss, damit dieses Wort „Mut" nicht ein im Vorübergehen gesagtes Wort bleibt! Damit es nicht nur das Lächeln des freundlichen Angestellten ist, eines Angestellten der Kirche, der kommt und euch sagt: „Mut!" Nein! Das will ich nicht! Ich möchte, dass dieser Mut von innen kommt und mich dazu drängt, alles zu tun als Hirte, als Mensch. Wir müssen mit Solidarität, unter euch – und auch unter uns –, alle mit Solidarität und Intelligenz, diese historische Herausforderung in Angriff nehmen.

BEGEGNUNG MIT ARBEITERN IN SARDINIEN, 22.9.2013

Immer wieder aufstehen nach dem Fall

Der junge Franziskus verlässt Reichtümer und Annehmlichkeiten, um ein Armer unter den Armen zu werden; er begreift, dass nicht die Dinge, der Besitz, die Götzen der Welt der wahre Reichtum sind und die wirkliche Freude schenken, sondern die Nachfolge Christi und der Dienst an den anderen. Doch weniger bekannt ist vielleicht der Moment, in dem all das in seinem Leben konkret wurde: Das geschah, als er einen Leprakranken umarmte. (...)

Umarmen, umarmen. Wir alle müssen lernen, die Notleidenden zu umarmen, wie es der heilige Franziskus getan hat. Es gibt in Brasilien und in der Welt so viele Situationen, die Aufmerksamkeit, Behandlung, Liebe verlangen wie der Kampf gegen die chemische Abhängigkeit. Häufig überwiegt dagegen in unseren Gesellschaften der Egoismus. Wie viele „Todeshändler", die um jeden Preis der Logik der Macht und des Geldes folgen! (...)

Doch umarmen genügt nicht. Reichen wir dem, der in Not ist, dem, der ins Dunkel der Abhängigkeit gefallen ist – vielleicht ohne zu wissen wie –, die Hand und sagen zu ihm: Du kannst wieder aufstehen, kannst wieder hochkommen – es ist mühsam, aber möglich, wenn du es nur willst. Liebe Freunde, zu jedem von euch, aber vor allem zu vielen anderen, die nicht den Mut hatten, euren Weg einzuschlagen, möchte ich sagen: Du bist die Hauptperson dafür, dass du wieder hochkommst, das ist die unerlässliche Bedingung! Du wirst die ausgestreckte Hand dessen finden, der dir helfen will, aber niemand kann stellvertretend für dich hochkommen. (...) Schaut zuversichtlich nach vorn, euer Übergang ist lang und mühselig, doch blickt vorwärts (...). Lasst euch nicht die Hoffnung rauben!

IN EINEM KRANKENHAUS IN RIO DE JANEIRO/
BRASILIEN, 24.7.2013

Langmut und Geduld

Es ist leicht, Wasser zu kochen, aber eine gute Tasse Tee braucht Zeit und Geduld; man muss den Tee ziehen lassen.

ANSPRACHE IN DUBLIN/IRLAND, 25.8.2018

Die schönsten Dinge reifen mit der Zeit; wenn dir beim ersten Mal etwas nicht gut gelungen ist, dann hab keine Angst, es wieder und wieder und wieder zu versuchen. Hab keine Angst, etwas falsch zu machen! Wir können tausendmal etwas falsch machen, aber wir dürfen nicht dem Fehler verfallen aufzuhören, nur weil es beim ersten Mal nicht gut gelaufen ist. Der schlimmere Fehler wäre der, wegen der Angst die Träume und den Wunsch eines besseren Landes aufzugeben.

AN JUGENDLICHE IN MAPUTO/MOSAMBIK, 5.9.2019

Und ob ich das schaffe

Wie oft habt ihr diesen Satz schon gehört: „Das schaffst du nie." Vorsicht, aufgepasst: das ist wie ein Holzwurm, der dich von innen her auffrisst. Wenn du fühlst, dass du etwas „nicht schaffst", dann verpass dir eine Ohrfeige: „Und ob ich das schaffe und ich werde es dir beweisen." Das ist das innere Raunen, ein inneres Gerede, das in denen entsteht, die, nachdem sie ihre Sünde beweint haben und sich ihres Fehlers bewusst sind, nicht glauben, dass sie sich ändern können. Und das passiert, wenn man fest davon überzeugt ist, dass derjenige, der als „Zöllner" geboren wurde, notwendig auch als „Zöllner" sterben muss; und das ist nicht wahr. Das Evangelium sagt uns das komplette Gegenteil. (...) Gebt acht auf den Holzwurm des „Das schaffst du nicht"! Da muss man sehr aufpassen. Liebe Freunde, jeder von uns ist viel mehr als die Etiketten, die man ihm verpasst ...

BUSSFEIER MIT JUGENDLICHEN STRAFTÄTERN IN PANAMA-STADT, 25.1.2019

Gib dich nicht geschlagen

Lasst nicht zu, dass sie euch die Freude rauben. (...) Es gibt viele Arten und Weisen, den Blick auf den Horizont zu richten, auf die Welt, auf die Gegenwart und die Zukunft, es gibt viele Arten und Weisen. Man muss aber vor zwei Haltungen auf der Hut sein, welche Träume und Hoffnung töten. Welche sind es? Die Resignation und die Angst. Zwei Haltungen, die die Träume und die Hoffnung töten. Sie sind große Feinde des Lebens, denn sie treiben uns für gewöhnlich auf einen leichten, aber selbstzerstörerischen Pfad; und *die Maut, die sie verlangen, ist sehr hoch!* Sie ist sehr hoch. Man bezahlt mit dem eigenen Glück und sogar mit dem eigenen

Leben. Resignation und Angst: zwei Haltungen, welche die Hoffnung rauben. Wie viele leere Versprechungen von Glück, die am Ende Leben zerstören! Sicher kennt ihr Freunde, Bekannte – oder habt es vielleicht selbst erfahren –, die in schwierigen, schmerzlichen Momenten, wenn alles auf einen einzustürzen scheint, von der Resignation erdrückt werden. Man muss sehr auf der Hut sein, denn diese Haltung führt dich auf den falschen Weg. Wenn alles stillzustehen und zu stagnieren scheint, wenn persönliche Probleme uns beunruhigen, soziale Schwierigkeiten keine angemessenen Antworten finden, dann ist es nicht gut, sich geschlagen zu geben. Es ist nicht gut, sich geschlagen zu geben!

AN JUGENDLICHE IN MAPUTO/MOSAMBIK, 5.9.2019

Verzagt niemals, verliert nicht die Zuversicht, lasst nicht zu, dass die Hoffnung erlischt! Die Wirklichkeit kann sich ändern, der Mensch kann sich ändern. Versucht ihr als erste, das Gute zu bringen, euch nicht an das Böse zu gewöhnen, sondern es durch das Gute zu besiegen.

IN RIO DE JANEIRO/BRASILIEN, 25.7.2013

Sich erstmal erreichbare Ziele setzen

Jeder Tag bietet uns eine neue Gelegenheit, ist eine neue Etappe. Wir dürfen nicht alles von denen erwarten, die uns regieren; das wäre infantil. Wir haben Möglichkeiten der Mitverantwortung, die es uns erlauben, neue Prozesse und Veränderungen einzuleiten und zu bewirken. Wir müssen aktiv Anteil haben beim Wiederaufbau und bei der Unterstützung der verwundeten Gesellschaft. Heute haben wir die großartige Gelegenheit, unsere Geschwisterlichkeit zum Ausdruck zu bringen (...). Mögen andere weiter an die Politik oder an die Wirtschaft für ihre Machtspiele denken. Halten wir das am Leben, was gut ist, und stellen wir uns dem Guten zur Verfügung.

Wir können von unten, bei einer Sache beginnen und für das kämpfen, was ganz konkret und naheliegend ist, und bis zum letzten Winkel des eigenen Landes und der ganzen Welt weitergehen (...).

ENZYKLIKA FRATELLI TUTTI, 3.10.2020, NR. 77–78

Die Kunst des Vorwärts-Gehens

Gehen ist eine Kunst, denn wenn wir immer in Eile gehen, werden wir müde und können nicht am Ziel, am Ende des Weges ankommen. Wenn wir hingegen anhalten und nicht gehen, dann gelangen wir auch nicht ans Ziel. Gehen ist die Kunst, auf den Horizont zu blicken, daran zu denken, wohin ich gehen will, aber auch die Müdigkeit auf dem Weg auszuhalten. Und oft ist der Weg schwer, ist er nicht leicht. „Ich will diesem Weg treu bleiben, aber es ist nicht leicht, hörst du: Es gibt Dunkelheit, es gibt Tage der Dunkelheit, auch Tage des Scheiterns, auch Tage, an denen man fällt ... man fällt, fällt ...“ Aber denkt immer daran: keine Angst zu haben vor dem Scheitern; keine Angst zu haben vor dem Fallen. In der Kunst des Gehens ist es nicht wichtig, nicht zu fallen, sondern nicht „ein Gefallener zu bleiben“. Bald, sofort wieder aufzustehen und weiterzugehen. Und das ist schön: Es bedeutet, jeden Tag zu arbeiten, es bedeutet, menschlich zu gehen ... Bist du dabei? Wirst du keine Angst haben vor dem Weg? Danke.

GESPRÄCH MIT JUGENDLICHEN, 7.6.2013

Krisen ehrlich angehen

Krise bedeutet ursprünglich „Bruch", „Schnitt", „Öffnung", „Gefahr", aber auch „Chance". Wenn die Wurzeln Platz brauchen zum Weiterwachsen, wird der Blumentopf irgendwann zerbrechen. Tatsache ist, dass Leben größer ist als unser eigenes Leben, und so zerbricht es. Aber so ist das Leben! Es wächst, es zerbricht. Arme Menschheit ohne Krise! Alles perfekt, alles aufgeräumt, alles in steife Form gebracht. Die Ärmste. Stellen wir uns das vor, eine solche Menschheit wäre eine kranke, sehr kranke Menschheit. Gottlob passiert das nicht. Es wäre eine schlafende Menschheit. Da die Krise uns belebt, indem sie uns zur Offenheit aufruft, kann das andererseits eine Gefahr darstellen, wenn niemand uns gelehrt hat, uns auf diese Offenheit einzulassen.

Deshalb sind Krisen, wenn sie nicht gut begleitet werden, gefährlich, weil man die Orientierung verlieren kann. Und der Rat der Klugen auch für kleine persönliche, eheliche und soziale Krisen ist: „Gehe nie allein in die Krise, sondern sei in Begleitung." Dort, in der Krise, überfällt uns die Angst; wir verschließen uns als Individuen, oder wir fangen an, das zu wiederholen, was für sehr wenige gut ist, indem wir leer werden an Sinn, indem wir unsere Berufung verstecken, die Schönheit verlieren. Das passiert, wenn man allein und ohne Rückhalt durch eine Krise geht.

VIDEOBOTSCHAFT, 5.6.2020

Es gibt junge Menschen, die anscheinend mit 22 Jahren in Pension gehen. Das sind Jugendliche mit einer existentiellen Traurigkeit. Es sind Jugendliche, die ihr Leben einem prinzipiellen Defätismus verschrieben haben. Jugendliche, die klagen, Jugendliche, die vor dem Leben fliehen. Der Weg der Hoffnung ist nicht leicht, und man kann ihn nicht alleine gehen. Es gibt ein afrikanisches Sprichwort, das besagt: „Wenn du schnell gehen willst, geh' allein; wenn du aber weit kommen willst, dann gehe in Begleitung."

AN JUGENDLICHE IN HAVANNA/KUBA, 20.9.2015

Die Gabe der Tränen

Viele von uns, ich schließe auch mich ein, sind ohne Orientierung, wir achten nicht mehr auf die Welt, in der wir leben, wir wahren und hüten nicht, was Gott für alle geschaffen hat, und wir sind nicht einmal mehr in der Lage, einander zu hüten. (...) In dieser Welt der Globalisierung sind wir in die Globalisierung der Gleichgültigkeit geraten. Wir haben uns an das Leiden des anderen gewöhnt, es betrifft uns nicht, es interessiert uns nicht, es geht uns nichts an!

Wer hat geweint über den Tod dieser Brüder und Schwestern? Wer hat geweint um diese Menschen, die im Boot waren? Um die jungen Mütter, die ihre Kinder mit sich trugen? Um diese Männer, die sich nach etwas sehnten, um ihre Familien unterhalten zu können? Wir sind eine Gesellschaft, die die Erfahrung des Weinens, des ‚Mit-Leidens' vergessen hat: Die Globalisierung der Gleichgültigkeit hat uns die Fähigkeit zu weinen genommen!

MESSE FÜR ERTRUNKENE BOOTSFLÜCHTLINGE
AUF DER MITTELMEERINSEL LAMPEDUSA, 8.7.2013

Drei Feinde vor unserer Tür verjagen

Liebe Brüder und Schwestern, schauen wir auf unser Leben und fragen wir uns, was uns daran hindert, uns selbst zu geben. Es gibt sozusagen drei Feinde der Hingabe, drei besonders schlimme, die immer vor der Tür des Herzens kauern: der Narzissmus, das Selbstmitleid und der Pessimismus. *Der Narzissmus* führt dazu, dass man sich selbst vergöttert, dass nur der eigene Vorteil zählt. Der Narzisst denkt: „Das Leben ist schön, wenn es sich für mich auszahlt." Und so sagt er schließlich: *„Warum sollte ich mich anderen hingeben?"* Wie schlimm ist, jetzt in dieser Pandemie, der Narzissmus, der Rückzug auf die eigenen Bedürfnisse, die Gleichgültigkeit gegenüber den Bedürfnissen anderer, das Nichteingestehen der eigenen Fehler und Schwächen. Aber auch der zweite Feind, *das Selbstmitleid*, ist gefährlich. Der von Selbstmitleid Befallene beschwert sich jeden Tag über seine Mitmenschen: „Niemand versteht mich, niemand hilft mir, niemand mag mich, alle haben etwas gegen mich!" Wie oft haben wir dieses Gejammer schon gehört! Und sein Herz verschließt sich, während er sich fragt: *„Warum sind die anderen nicht für mich da?"* Wie unschön ist solches Selbstmitleid angesichts der dramatischen Situation, in der wir uns befinden! Zu denken, dass niemand uns versteht und das fühlt, was wir fühlen. Das ist das Selbstmitleid. Und dann ist da noch der *Pessimismus*. Hier lautet die tägliche Litanei: „Nichts ist gut, weder die Gesellschaft, noch die Politik, noch die Kirche ...". Der Pessimist hat ein Problem mit der Welt, bleibt aber untätig und denkt: *„Was bringt es schon, etwas zu geben? Es ist nutzlos"*. Jetzt, im großen Bemühen um einen Neubeginn, wie schädlich ist da der Pessimismus, die Schwarzmalerei und die ständige Leier, dass nichts mehr so sein wird, wie es einmal war! Wenn man so denkt, kehrt die Hoffnung sicher nicht zurück. Wenn diese drei Götzen herrschen – der narzisstische Götze des Spiegels, wenn man sein Spiegelbild vergöttert; der Gott des Gejammers, wenn man sich über das Jammern definiert; und der Gott des Pessimismus, wenn uns alles schwarz und dunkel erscheint – dann erleben wir einen *Mangel an Hoffnung* und wir müssen das Geschenk des Lebens wieder schätzen lernen, das Geschenk, das jeder von uns ist.

PREDIGT AN PFINGSTEN, 31.5.2020

Der Schlaf, aus dem wir aufwachen müssen, besteht aus der Gleichgültigkeit, der Eitelkeit, der Unfähigkeit, wirklich menschliche Beziehungen aufzubauen, aus der Unfähigkeit, uns unserer einsamen, verlassenen oder kranken Geschwister anzunehmen.

ANGELUS, 1.12.2019

Träumen

Die Hoffnung ist kühn, ermutigen wir einander also, große Dinge zu träumen. Brüder und Schwestern, lernen wir, große Dinge zu träumen! Wir dürfen keine Angst haben, große Dinge zu träumen und nach den Idealen der Gerechtigkeit und der sozialen Liebe zu streben, die aus der Hoffnung entstehen. Versuchen wir nicht, die Vergangenheit zu rekonstruieren, das Vergangene ist vergangen, neue Dinge warten auf uns. Der Herr hat uns verheißen: „Ich mache alles neu." Ermutigen wir einander, Großes zu träumen, indem wir nach diesen Idealen streben.

GENERALAUDIENZ, 23.9.2020

Ein lateinamerikanischer Schriftsteller hat gesagt, dass wir Menschen zwei Augen haben: eines aus Fleisch und eines aus Glas. Mit dem fleischlichen Auge sehen wir das, was wir erblicken, mit dem Glasauge sehen wir das, was wir erträumen. Schön, nicht wahr?

In die Objektivität des Lebens muss die Fähigkeit zu träumen eindringen. Und ein junger Mensch, der nicht zu träumen vermag, befindet sich in der „Klausur" seiner selbst, ist in sich selbst eingeschlossen. Jeder träumt manchmal Dinge, die nie eintreffen ... Doch träume von ihnen, ersehne sie, suche Horizonte ab, öffne dich, öffne dich für Großes! Ich weiß nicht, ob man in Kuba das Wort gebraucht, aber wir Argentinier sagen: „No te arrugues!" [wörtlich: Mach dir keine Falten!] Nicht den Mut verlieren, öffne dich! Öffne dich und träume! Träume, dass die Welt mit dir anders sein kann! Träume, dass du, wenn du dein Bestes gibst, dazu beitragen wirst, dass diese Welt anders wird! Vergesst das nicht, träumt! Manchmal entgleitet es eurer Kontrolle, und ihr träumt allzu sehr, und dann schneidet euch das Leben den Weg ab. Macht nichts, träumt! Und erzählt eure Träume! Erzählt, sprecht von den großen Dingen die ihr ersehnt, denn je größer die Fähigkeit zu träumen ist, umso länger ist die Strecke, die du gegangen bist, wenn dich das Leben auf halbem Weg zurücklässt. Darum vor allem träumen!

AN JUGENDLICHE IN HAVANNA/KUBA, 20.9.2015

Ich habe den großen Wunsch, dass wir in dieser Zeit, die uns zum Leben gegeben ist, die Würde jedes Menschen anerkennen und bei allen ein weltweites Streben nach Geschwisterlichkeit zum Leben erwecken. Bei allen: Dies ist ein schönes Geheimnis, das es ermöglicht, zu träumen und das Leben zu einem schönen Abenteuer zu machen. Niemand kann auf sich allein gestellt das Leben meistern. Es braucht eine Gemeinschaft, die uns unterstützt, die uns hilft und in der wir uns gegenseitig helfen, nach vorne zu schauen. Wie wichtig ist es, gemeinsam zu träumen! Allein steht man in der Gefahr der Illusion, die einen etwas sehen lässt, das gar nicht da ist; zusammen jedoch entwickelt man Träume. Träumen wir als eine einzige Menschheit, als Weggefährten vom gleichen menschlichen Fleisch, als Kinder der gleichen Erde, die uns alle beherbergt, jeder mit dem Reichtum seines Glaubens oder seiner Überzeugungen, jeder mit seiner eigenen Stimme, alles Geschwister.

ENZYKLIKA FRATELLI TUTTI, 3.10.2020, NR. 8

Impuls: Habe ich gelernt zu weinen?

Habe ich gelernt zu weinen? Habe ich gelernt zu weinen, wenn ich ein hungriges Kind sehe, ein Kind unter Drogeneinfluss auf der Straße, ein obdachloses, ein verlassenes Kind, ein missbrauchtes Kind, ein von der Gesellschaft als Sklave benutztes Kind? Oder ist mein Weinen das eigensinnige Weinen dessen, der weint, weil er gerne noch mehr haben möchte?

AN JUGENDLICHE IN MANILA/PHILIPPINEN, 18.1.2015

Für mehr Spiritualität: Verwurzelt bleiben in der Beziehung zu Gott und unserem Dasein Sinn stiften

Wie berechnet man
die Aussaat?

Werde ich schon von
der Vorspeise satt?

Höre ich in mir eine
Stimme, die fleht?

Sich der eigenen Endlichkeit bewusst sein

Auf dem Lebensweg kommt es wie auf jedem Weg darauf an, das Ziel nicht aus den Augen zu verlieren. Wenn es jemand auf Reisen jedoch darum geht, die Landschaft anzuschauen oder sich mit Essen aufzuhalten, dann kommt er nicht weit. (...)

Jeder von uns kann sich fragen: suche ich auf meinem Lebensweg nach dem Kurs? Oder begnüge ich mich damit, in den Tag hinein zu leben, nur an mein Wohlergehen zu denken, einige Probleme zu lösen und ein wenig Spaß zu haben? Vielleicht das Streben nach Gesundheit, von der oft gesagt wird, sie sei das Wichtigste, obwohl sie früher oder später doch schwindet? Vielleicht Besitz und Wohlstand?

PREDIGT, 6.3.2019

Wie man die Abreise vom Ziel her berechnet, wie man die Aussaat von der Ernte her beurteilt, so beurteilt man das Leben gut von seinem Ende her, von seinem Ziel her.

PREDIGT, 4.11.2019

Wir sind schwach, zerbrechlich, sterblich. Im Laufe der Jahrhunderte und Jahrtausende geben wir ein kurzes Gastspiel, vor der Unermesslichkeit der Galaxien und des Weltraums sind wir winzig klein. Wir sind wie Staub im Universum. Aber wir sind der *von Gott geliebte Staub.* (...)

Wofür lebe ich? (...) Wenn ich nur lebe, um ein wenig Geld nach Hause zu bringen und Spaß zu haben, für ein wenig Ansehen, um ein bisschen Karriere zu machen, dann lebe ich von Staub. Wenn ich das Leben nur deshalb für schlecht halte, weil ich nicht genug Beachtung finde oder von anderen nicht das bekomme, was mir meines Erachtens zusteht, bleibt mein Blick dem Staub verhaftet. Dafür sind wir nicht in der Welt. Wir sind viel mehr wert, wir leben für viel mehr … Die irdischen Güter, die wir besitzen, werden uns nichts nützen, sie sind Staub, der verweht, aber die Liebe, die wir schenken – in der Familie, bei der Arbeit, in der Kirche, in der Welt – wird uns retten, sie wird für immer bleiben.

PREDIGT, 26.2.2020

Am Ende des Lebens wird die Wirklichkeit offenbar: Die Täuschung der Welt, wonach Erfolg, Macht und Geld dem Leben Sinn verleihen, wird vergehen, während die Liebe, das, was wir gegeben haben, sich als wahrer Reichtum erweisen wird. Jene Dinge werden fallen, die Liebe wird hingegen hervortreten. Ein großer Kirchenvater schrieb einmal: „So geschieht es im Leben: Nachdem der Tod gekommen ist und der Vorhang gefallen ist, nehmen alle die Masken von Reichtum und Armut ab und verlassen diese Welt. Sie werden nur nach ihren Werken beurteilt, einige als wirklich reich, andere als arm" (Johannes Chrysostomos).

PREDIGT, 15.11.2020

Den Blick heben

Im Leben begnügt man sich oft damit, auf die Erde zu schauen: Es reichen Gesundheit, etwas Geld und ein wenig Vergnügen. Ich frage mich: Und wir, sind wir noch imstande, den Blick zum Himmel zu erheben? Sind wir fähig zu träumen, uns nach Gott zu sehnen und seine Neuheit zu erwarten, oder lassen wir uns vom Leben hertreiben wie ein trockener Ast vom Wind?

PREDIGT, 6.1.2018

Keine Angst vor der Stille

Habt keine Angst vor der Stille, davor, allein zu sein – nicht immer, nein, denn das tut nicht gut –, aber sich etwas Zeit für sich allein zu nehmen, sich Räume der Stille zu schaffen. Habt keine Angst vor der Stille, ein eigenes Tagebuch zu schreiben, zum Beispiel, in der Stille. Habt keine Angst vor Unbehagen und Trockenheit, die die Stille mit sich bringen kann. „Ach, ich nicht. Stille ist langweilig!" Anfangs schon, das kann sein, aber dann, wenn du allmählich in dich selbst eintrittst, in der Stille, ist sie nicht mehr langweilig.

AN RÖMISCHE SCHÜLER, 13.4.2019

Sich nicht zu schnell zufriedengeben

Es gibt da eine Frage, die sich ein jeder von uns stellen kann: Wie steht es um mein Verlangen? Ist mein Verlangen gesättigt durch das Leben, das ich führe, oder versuche ich weiterzugehen, auch mit Schwierigkeiten, mit Prüfungen, immer mehr, mehr, mehr, weil der Herr dieses „mehr, mehr, mehr" ist? (...) Was ist das Maß meines Verlangens: die Vorspeise oder das ganze Festmahl?

FRÜHMESSE, 12.3.2018

Schreien, protestieren – beten?

Der Glaube ist Protest gegen einen qualvollen Zustand, dessen Grund wir nicht verstehen; der Unglaube bedeutet, eine Situation zu ertragen, an die wir uns angepasst haben. Der Glaube ist die Hoffnung, gerettet zu sein; der Unglaube bedeutet, sich an das Übel zu gewöhnen, das uns bedrückt, und so weiterzumachen. (...)

Stärker als jede Gegenargumentation ist im Herzen des Menschen eine Stimme, die fleht. Alle haben wir diese Stimme in uns. Eine Stimme, die spontan herausbricht, ohne dass jemand es ihr gebietet, eine Stimme, die nach dem Sinn unseres Weges hier auf Erden fragt, vor allem, wenn wir uns in der Dunkelheit befinden (...). Alles bittet und fleht, dass das Geheimnis der Barmherzigkeit seine endgültige Erfüllung finden möge.

Nicht nur die Christen beten: Sie teilen den Schrei des Gebets mit allen Männern und Frauen. Aber der Horizont kann noch erweitert werden: Paulus sagt, dass die gesamte Schöpfung „seufzt und in Geburtswehen liegt" (Röm 8,22). Die Künstler machen sich oft zum Sprachrohr dieses stillen Schreis der Schöpfung, der in jedem Geschöpf drängt ...

GENERALAUDIENZ, 6.5.2020

Das Gebet gehört allen: den Menschen jeder Religion und wahrscheinlich auch jenen, die sich zu keiner Religion bekennen. Das Gebet geht aus unserer verborgenen Mitte hervor, aus jenem inneren Ort, den die geistlichen Autoren oft als „Herz" bezeichnen. In uns betet also nichts Peripherisches, nicht irgendeine zweitrangige und nebensächliche Fähigkeit, sondern es ist unser innerstes Geheimnis. Es ist dieses Geheimnis, das betet. Die Gefühle beten, aber man kann nicht sagen, dass das Gebet nur Gefühl sei. Der Verstand betet, aber das Beten ist nicht nur ein intellektueller Akt. Der Leib betet, aber mit Gott sprechen man kann auch mit einer schweren körperlichen Beeinträchtigung. Der ganze Mensch betet also, wenn sein „Herz" betet. Das Gebet ist ein Aufschwingen des Herzens, es ist eine Anrufung, die über uns selbst hinausgeht: Es ist etwas, das aus unserem Innersten hervorgeht und sich ausstreckt, weil es Sehnsucht nach einer Begegnung verspürt – jene Sehnsucht, die mehr ist als ein Bedürfnis, mehr als eine Notwendigkeit: Sie ist ein Weg. Das Gebet ist die Stimme eines „Ichs", das tastet, das sich vortastet, auf der Suche nach einem „Du". Die Begegnung zwischen dem „Ich" und dem „Du" kann man nicht mit Rechenmaschinen bewerkstelligen: Es ist vielmehr eine menschliche Begegnung, und oft tastet man sich vor, um das „Du" zu finden, das mein „Ich" sucht.

GENERALAUDIENZ, 13.5.2020

Gott schaut nicht mit den Augen, Gott schaut mit dem Herzen. Und Gottes Liebe ist für jeden Menschen gleich, unabhängig von seiner Religion. Und wenn er Atheist ist, ist es die gleiche Liebe. Wenn der jüngste Tag kommt und es genug Licht auf der Erde gibt, um die Dinge so zu sehen, wie sie sind, werden wir viele Überraschungen erleben!

AUS DEM FILM „PAPST FRANZISKUS, EIN MANN SEINES WORTES" VON WIM WENDERS, 2018

Wo ist Gott, und wo ist der Mensch?

Frage [eines Jugendlichen]: Wenn ich die Zeitungen lese, wenn ich mich umschaue, dann frage ich mich, ob die Menschheit wirklich in der Lage ist, für diese Welt und für die Menschheit selbst Sorge zu tragen. Haben auch Sie diesen Zweifel? ... Kommt auch in Ihnen manchmal dieser Zweifel auf, so dass Sie zu sich zu sagen: Wo ist denn Gott in alledem?

Ich stelle mir zu diesem Problem zwei Fragen: Wo ist Gott, und wo ist der Mensch? Es ist die erste Frage, die Gott im biblischen Bericht dem Menschen stellt: „Adam, wo bist du?" Es ist die erste Frage an den Menschen. Und auch ich frage mich jetzt: „Du, Mensch des 21. Jahrhunderts, wo bist du?" Und das lässt mich auch an die andere Frage denken: „Du, Gott, wo bist du?" Wenn der Mensch sich selbst findet, sucht er Gott. Vielleicht gelingt es ihm nicht, ihn zu finden, aber er geht auf einem Weg der Ehrlichkeit und sucht nach der Wahrheit, auf einem Weg des Guten und auf einem Weg der Schönheit. Für mich ist ein junger Mensch, der die Wahrheit liebt und sie sucht, der das Gute sucht und gut ist, der ein guter Mensch ist und die Schönheit sucht und liebt, auf einem guten Weg und wird Gott sicher finden! Früher oder später wird er ihn finden! Aber der Weg ist lang, und einige Menschen finden ihn im Leben nicht. Sie finden ihn bewusst nicht. Aber sie sind so wahrhaftig und ehrlich mit sich selbst, so gut und sie lieben die Schönheit so sehr, dass sie am Ende eine sehr reife Persönlichkeit haben, die fähig ist zu einer Begegnung mit Gott, die immer eine Gnade ist. Denn die Begegnung mit Gott ist eine Gnade. Wir können den Weg gehen ... Einige begegnen ihm in den anderen Menschen ... Es ist ein Weg, den man gehen muss ... Jeder muss ihm persönlich begegnen. Weder begegnet man Gott durch Hörensagen, noch bezahlt man, um Gott zu begegnen. Es ist ein persönlicher Weg, so müssen wir ihm begegnen. Ich weiß nicht, ob ich deine Frage beantwortet habe ...

GESPRÄCH MIT JUGENDLICHEN IN BELGIEN, 31.3.2014

In der Natur Gott begegnen

Das Universum entfaltet sich in Gott, der es ganz und gar erfüllt. So liegt also Mystik in einem Blütenblatt, in einem Weg, im morgendlichen Tau, im Gesicht des Armen. Das Ideal ist nicht nur, vom Äußeren zum Inneren überzugehen, um das Handeln Gottes in der Seele zu entdecken, sondern auch, dahin zu gelangen, ihm in allen Dingen zu begegnen, wie der heilige Bonaventura lehrte: „Die Kontemplation ist umso vollkommener, je mehr der Mensch die Wirkung der göttlichen Gnade in sich verspürt, oder auch je besser er versteht, Gott in den äußeren Geschöpfen zu begegnen."

„So liegt also Mystik in einem Blütenblatt"

Der heilige Johannes vom Kreuz lehrte, dass alles Gute, das es in den Dingen und Erfahrungen der Welt gibt, „auf unendlich vorzügliche Weise in Gott ist, oder, besser gesagt, jedes dieser großen Dinge, die genannt werden, ist Gott".

Nicht, weil die begrenzten Dinge der Welt wirklich göttlich wären, sondern weil der Mystiker die innige Verbindung erfährt, die zwischen Gott und allen Wesen besteht, und so empfindet: Alle Dinge – das ist Gott. Wenn er die Größe eines Berges bestaunt, kann er ihn nicht von Gott trennen und nimmt wahr, dass dieses innere Staunen, das er erlebt, auf den Herrn bezogen werden muss. „Die Gebirge haben Höhenzüge, sind reichhaltig, weit, schön, reizvoll, blumen-übersät und dufterfüllt. Diese Gebirge – das ist mein Gelieb-ter für mich. Die abgelegenen Täler sind ruhig, lieblich, kühl, schattig, voll süßer Gewässer; mit der Vielfalt ihres Baumbewuchses und dem zarten Gesang der Vögel ver-schaffen sie dem Reich der Sinne tiefe Erholung und Wonne und bieten in ihrer Einsamkeit und Stille Erfrischung und Ruhe. Diese Täler – das ist mein Geliebter für mich."

ENZYKLIKA LAUDATO SI', NR. 233/234

Gott suchen, finden, suchen

Die Begegnung mit Gott in allen Dingen ist kein empirisches *Heureka*. Wenn wir Gott begegnen wollen, wollen wir ihn – im Grunde – sofort mit empirischen Methoden feststellen. So begegnet man Gott nicht. Man findet ihn eher wie Elija im sanften, leisen Säuseln ...

Ja, bei diesem Suchen und Finden Gottes in allen Dingen bleibt immer ein Bereich der Unsicherheit. Er muss da sein. Wenn jemand behauptet, er sei Gott mit absoluter Sicher-heit begegnet, und nicht berührt ist von einem Schatten der Unsicherheit, dann läuft etwas schief. Für mich ist das ein wichtiger Erklärungsschlüssel. Wenn einer Antworten auf alle Fragen hat, dann ist das der Beweis dafür, dass Gott nicht mit ihm ist. Das bedeutet, dass er ein falscher Prophet ist, der die Religion für sich selbst benutzt. Die großen Führer des Gottesvolkes wie Mose haben immer Platz für den Zweifel gelassen. Man muss Platz für den Herrn lassen, nicht für unsere Sicherheiten ...

Das Risiko beim Suchen und Finden Gottes in allen Dingen ist daher der Wunsch, alles zu sehr zu erklären, etwa mit menschlicher Sicherheit und Arroganz zu sagen: „Hier ist Gott". Dann finden wir nur einen Gott nach unserem Maß. Die richtige Einstellung ist die von Augustinus: Gott suchen, um ihn zu finden, ihn finden, um ihn immer zu suchen. Und häufig findet man nur tastend, wie man in der Bibel liest. Das ist die Erfahrung der großen Väter des Glaubens, die unser Vorbild sind. Man sollte das 11. Kapitel des Briefes an die Hebräer lesen: Abraham ist aufgebrochen, ohne zu wissen, wohin er gehen soll – im Glauben. Alle unsere Vorfahren im Glauben starben im Blick auf die verheißenen Güter – aber immer von Ferne ... Unser Leben ist uns nicht gegeben wie ein Opernlibretto, in dem alles steht. Unser Leben ist Gehen, Wandern, Tun, Suchen, Schauen ... Man muss in das Abenteuer der Suche nach der Begegnung eintreten und in das Sich-suchen-Lassen von Gott, das Sich-begegnen-Lassen mit Gott.

INTERVIEW MIT JESUITENZEITSCHRIFTEN,
19.9.2013

Impuls: Nimm dir Zeit

Halte etwas inne, lasse diese Hektik und dieses sinnlose Rennen, das die Seele mit dem bitteren Gefühl erfüllt, niemals irgendwo anzukommen. Halte inne, lass ab von diesem Zwang, in Eile zu leben, der die Zeit für die Familie zerstreut, aufteilt und schließlich vernichtet, die Zeit für die Freundschaft, die Zeit für die Kinder, die Zeit für die Großeltern, die Zeit für die Selbstlosigkeit …, die Zeit für Gott.

PREDIGT IN SANTA SABINA, 14.2.2018